U0034878

拜拜一本通

Worship of Gods in Taoism

正確拜拜，才能拜出好運來

命理名師

黃恆堉 李羽宸

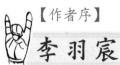

　　筆者的祖母是「觀世音菩薩」一般臺灣民間稱呼的「乩身」。她能將一些求神問佛的訊息，透過翻譯或解說讓一般的人知道，簡單的說也就是「翻譯人員」。每逢夜晚來臨時家中總是門庭若市，信徒求的就是平安、祈福、考試、買賣、事業、財運、疾病、婚姻以及一些拜拜的相關事宜等等。

　　其實拜拜跟算命是一樣的，也有機率的問題，感覺不是每一次都很準或是每一次都很靈驗，很多時候總覺得主神不在身邊，每每看見信眾與神明溝通的過程，總是嘴裡唸唸有詞，小時候的我在耳濡目染之下，也漸漸體會明瞭其中的某些靈界中的浩瀚與奧祕。

　　拜拜是要以神佛為導師，學習為人處事

的道理，求取福德、智慧、積德行善，做一個慈悲、身心清淨、健康、快樂、無憂、益於社會、國家、眾生、無我利他的人。所謂：「欲得佛法真實利益，須向恭敬中求；有一分恭敬，即消一分罪業，增一分福慧；有十分恭敬，即消十分罪業，增十分福慧。」

筆者與幾位道親，人們口中常說的「眼通」與「耳通」，無時無刻都會收到「玉皇上帝」的指令，前往臺灣各地的廟宇、佛寺，進行修復的工作，或許應是改善磁場會來得更貼切（以無形的方式予以處理）。因為處理過太多的知名廟宇與佛寺，神佛不在其位，妖魔鬼怪佔據者多不勝數，若沒有做適當的處置，其實大眾拜的是神或是鬼，都還是個問號？當然還是有很多因果的關係，造成沒辦法處理的個案，也每每讓筆者常常有一種失落與悵然的感覺。

本書呈現民間節慶祭祀的日子，是以口語白話的方式，教導拜拜的地點與時間，需準備的物品以及參拜的儀式與祈禱的程序，

並且配合節慶當下的開運方法，讓你不只是拜拜祈福而已，還能夠趨吉避凶，轉禍為福。當然很多讀者都會翻閱「農民曆」來自行擇日，此時只要依據第一章第一節擇日須知，避開方位煞方與生肖的冲、殺、回頭貢殺之「日、時」，就能夠擇一好日為用。

拜拜也不能只有期待能夠得到什麼利益或好處，更要多想想你本身有付出什麼。在我們有能力的時候，不肯伸出援手，那麼在我們需要的時候，又有什麼資格要求別人要伸出援手呢？人與人之間，或是與其他生命的對待相處，都會有回報。若沒有直接回應，也會有因果循環，結果終究會落在自己身上，做最後的承擔。

臺南市天壇天公廟，中堂懸掛「一」字橫匾，「一」四周刻文由右上角逆時針寫著：「世人枉費用心機，天理昭彰不可欺，任爾通盤都打算，有餘殃慶總難移，盡歸善報無相負，盡歸惡報誰便宜，見善則遷由自主，

轉禍為福亦隨時，若猶昧理思為惡，此念初萌天必知，報應分毫終不爽，只爭來早與來遲。」寓意：人算不如天算，若行壞事，而沒有報應，則天理何在？命理何存？是故開運的五大法門：「一命、二運、三風水、四積德、五讀書。」除了拜拜祈福之外，行善積德，才是開運的最佳途徑！

本書付梓旨在教導大眾對於拜拜法門能有更深入的瞭解，祈使每位讀者都能夠深得其用，自助而助人。最後謹以《中國五術教育協會》三尊保護神：謙虛、尊重、禮讓，與大家共勉，祝福大家、謝謝大家，感恩！感恩！再感恩！

高雄市五術教育協會 理事長 李羽宸
丁酉年孟冬謹序於吉謙坊命理開運中心
網址：www.3478.com.tw　0930-867707

臺中市五術教育協會 創會理事長 黃恆墧
丁酉年孟冬謹序於吉祥坊易經開運中心
網址：www.abab.com.tw　04-24521393

目次

內文標註顏色指引

道教神明

佛教

密教

陰神

陰鬼

祖先

第一章

神桌與神位
的擺放原則

【第一章】
神桌與神位的擺放原則

引言：

　　許多進香團到各地廟宇拜拜，要記得請勿說參觀參觀！

　　有很多朋友到廟宇常會說：「我來參觀一下。」廟宇，是很神聖的地方，廟裡供奉著人們所敬仰的神明，而我們所敬仰的神明是供人們參拜、祈願、祈福。

　　所以當我們到廟宇來心裡想的是拜拜和敬仰，不能像到觀光景點一樣說參觀，到廟宇說參觀是沒有禮貌的，像是把神明當作物

品用很輕忽的態度是不對的，這樣會造業，請眾善信朋友們切記切記！就像去教堂做禮拜不會有人說：來教堂參觀一樣的道理！不是嗎？善信朋友記要得學習虔誠禮佛喔！

盡量不要空手拜拜！

一、拜拜在於與神之間做溝通，而人與神之間做溝通最重要的一環是依賴著善信所點的「香」或「靜香」，所以善信在拜拜時請點「香」拜拜，同時燒「紙錢」，這整個拜拜禮俗才算是完成圓滿。

二、拜拜求願在於本身之善念和入境隨俗，所謂隨俗是指依廟裡拜拜方式來做拜拜「禮俗」的，而所謂善念指的是我們所祈求的願景之善惡因果，若問善念為何，

善惡因果全在善信本身心中的那把尺。

三、本著善念誠心祈願拜拜，福報自然來，諸事皆能順心如意，姻緣、感情順心，事業順利如意，夫妻感情融洽，家庭大小平安順利，善信皆能得福報、消業障。

當我們到廟裡拜拜，隨手帶來拜拜所準備的供品，不論是花束、水果、餅乾、肉品或酒禮等等，在習俗上稱之為「獻」花、「獻」果、「獻」食、「獻」酒禮，既然是「獻」禮的供奉品，這些所獻的供奉品拜拜後當然就不屬於個人的而是屬於「神明」的物品。

所以當你拜拜完成時，所帶來的拜拜供品（物）可以拿一小部分回家吃平安，其他部分應該放置於廟裡由廟宇師兄、師姐分享給其他來拜拜的善信朋友們使用，讓他們分

享你的功果，取回小部分吃平安就行，所以獻出的不論是花、水果、酒禮等供品就不要再帶回去。

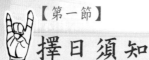

【第一節】

擇日須知

1、 選定主事與主饋的生肖和入宅安香日
（通書或農民曆）。

2、 選定方位：

主事與主饋的生肖	煞方
申（猴年）、子（鼠年）、辰（龍年）	南
巳（蛇年）、酉（雞年）、丑（牛年）	東
寅（虎年）、午（馬年）、戌（狗年）	北
亥（豬年）、卯（兔年）、未（羊年）	西

　　若無大小利之方位，折衷的方法是採取
「浮爐」。一樣必須擇吉日良辰，神爐
下墊壽金，而公媽爐下墊刈金，也可以
在爐下放金紙置於盤上，隨各地習俗而
定。

3、 冲、殺、回頭貢殺：

屬鼠	午日午時相冲、未日未時三殺勿用。
屬牛	未日未時相冲、辰日辰時三殺、寅午戌全，回頭貢殺勿用。
屬虎	申日申時相冲、丑日丑時三殺勿用。
屬兔	酉日酉時相冲、戌日戌時三殺勿用。
屬龍	戌日戌時相冲、未日未時三殺、巳酉丑全，回頭貢殺勿用。
屬蛇	亥日亥時相冲、辰日辰時三殺勿用。
屬馬	子日子時相冲、丑日丑時三殺勿用。
屬羊	丑日丑時相冲、戌日戌時三殺、申子辰全，回頭貢殺勿用。
屬猴	寅日寅時相冲、未日未時三殺勿用。
屬雞	卯日卯時相冲、辰日辰時三殺勿用。
屬狗	辰日辰時相冲、丑日丑時三殺、亥卯未全，回頭貢殺勿用。
屬豬	巳日巳時相冲、戌日戌時三殺勿用。

【第二節】

安神公媽準備用品

神明	神桌、供桌、神尊、神燈、燭臺、花瓶、鮮花、茶座杯、香爐、香灰、紙帛、牲饌、發粿、紅圓三碗、五果、筊、香環、壽金、福金、福德金、六帝錢兩組、安爐大吉紅紙條一張。
公媽	公媽龕、香爐、香灰、燈臺、燭臺、茶座杯、紙帛、三牲、紅圓、隨意菜盤碗公湯、碗十個、筷子十雙、水果一盤、紅龜粿兩個、其他祭品不拘、銀紙十張。
神尊	材質以檀香、沉香、樟木、肖楠最佳。
香爐	磁爐最好，再則銅爐，忌用大理石爐。

牲饌	神明	三牲或五果、清酒、清茶（乾茶葉）、紅圓、發粿（三天後再收）。
	公媽	三牲（素牲禮更好）、紅圓、另中午以菜飯祭祖。
水果		蘋果、荔枝、龍眼、鳳梨、柿子、甘蔗、香瓜、橘子（依季節性），忌用番茄和番石榴。
金紙	神明	使用太極金、壽金、福金、大四方金、神甲馬。
	公媽	使用壽金、銀紙、四方金。
銅錢	神明	六帝錢兩組置於香爐內。
	公媽	祖先爐內不可安置。

神桌與神位安置宜忌

01、神桌位置先用【羅經】取其吉位,用文
公尺由地上量起至吉利位置,神桌切勿
高過門楣。若為置於地面的神桌,只要
由青龍方量至吉利方位即可,但是不能
離虎邊太近,此為「逼虎傷人」。

02、神位最吉方安於一樓,次吉方為頂樓。
正前方不能有屋角、屋脊、電線桿、柱
子。上方不能有樑、背後要有靠、不能
有樓梯、廁所、上方不能有日光燈直射
等,所謂:「神位遭沖劍,禍事並立見」。

03、安神明後再安公媽,神明安在神桌正中
央,右邊為公媽。

04、有一派說法,公媽屬於一家之根本,神
　　明屬於外人,理當先安公媽後再安神明,
　　其實只要依照各地習俗即可。

05、桌上不要放一些尖銳的物品,如剪刀、
　　雜物、瓶瓶罐罐等。

06、爐高度到佛像肚臍最適合。

07、祖先牌位不可高於神像,也不可超過神
　　像;亦即神像在前,祖先牌位在後,神
　　明爐也要在公媽爐前面。

08、有兩姓以上,主姓在龍邊(左邊),副
　　姓在虎邊(右邊),香爐用七寸紅絲線
　　隔開。

09、祭祖時看有幾位祖先,碗筷擺幾副即可,
　　不宜過多。

10、安神與宅同向，但若是宅前明堂不佳，有形煞（反弓、壁刀、路沖、天斬煞、電線桿、煙囪、招牌煞），則宜安在宅之左右方。

11、右方宜收水局，即水由右（虎邊）到左（龍邊），則神位要安在左牆（龍邊）收水，反之亦然。

12、神桌破舊、低陷，應破財。

13、神像論家中男人，祖先牌位論家中女人或子女，神明爐男女都論，公媽爐只論男丁。

14、神位後方不可設夫妻房，床頭緊靠更是應驗，主破財、常常做夢。

15、神位後方是廁所也主破財。

16、神位前方正對冷氣機，家中失和，若是
　　夫妻房所有，則易有婚變。

17、神像只供奉一尊，不能安置在牆正中間，
　　應心中煩悶不堪，若安神與宅位相反，
　　與爐灶口相反同論，應家人不和、不聚
　　財。

18、神位緊靠右牆，形成逼虎，主女人強勢。
　　若在公司論員工強勢或請不到好員工。

19、神桌底下要保持整齊、乾淨，雜亂無章
　　主應家人腳易痠痛，嚴重者導致不良於
　　行。

20、神位無緊靠牆或神位架空，而神位下常
　　常在走動，應破財，若是公司、工廠也
　　論財破。

21、神位正對大樓地下停車場出入口，應破財、嗜賭，若是對到拱形門出入口，也論嗜賭。社區土地公廟正對拱形之樹蔭，論該社區村民嗜賭。

22、神位對到形煞，皆論血光、意外、破財。

23、神位下方擺電視、音響，小孩氣管不佳；放冰箱小孩頻尿，主家人手腳易冰冷；放椅子腳易痠痛、財破。

24、神位前忌風扇，電燈直射，家裡人心情煩躁，若神位兩側掛時鐘也同論。

25、神位正對電視機，易犯口舌是非、心血管疾病；對到桌櫃角主血光。

26、神明廳長度深，家中人城府較深；淺的話表示較沒有心機。

27、神位正對除濕機，小孩易尿失禁，對到
　　鏡子家人失和，鏡子反射看到神像，男
　　主人易犯心血管疾病。

28、神位前方置沙發，家中之人易長痔瘡。

29、神位對到冰箱，孩子叛逆不孝。

30、佛像請回家，千萬不能以貴重古董看待，
　　將其鎖在保險箱或櫃子內，這對神明是
　　最不恭敬的，家中不祥難以平安。

【第四節】

安神順序

道指

01、有拜天公習俗者，宜先拜天
　　公再安神。

02、先用七張壽金，左手或右手
　　比道指（圖一），口唸「天地
　　神咒」，將神尊、神明桌及
　　周圍、兩組六帝錢清淨之。

03、點香在門口呼請加持神明，
　　入內將神尊、兩組六帝錢、
　　神明彩繪開光。

04、開光過後於門口空中畫「安
　　神符」。

奉九天玄女勅

之　安奉○○神尊
鎮宅保平安四正

安神符

05、再用七張壽金，左手比道指口唸天地神咒清淨香爐「謂之熱爐」。

06、將兩組六帝錢，以安奉時辰順時針一正一反置於爐內，然後倒入香灰。若是舊爐則先倒一半新香灰，再倒入舊香灰。

07、到門口呼請欲安奉之神明，腳踏七星置爐前誠心膜拜，三炷香插中間其餘插在外圍。

08、先安爐，雙手捧爐

口唸安奉吉祥話：「時良吉日，天地開張，萬事大吉昌。今天是○府要為○○神尊安奉的大好日子，請○○神尊保佑○府大大小小平安順利、吉祥如意，進呼！進呼！進呼！」

然後神像也依照同樣方式安置，但必須過爐安奉。

09、準備上述神明祭品，全家唸安神疏文，之後再唸經文更好，如淨口神咒、淨心神咒、淨身神咒、淨三業神咒、淨壇神咒、安土地神咒、淨天地神咒、發毫光神咒、金剛神咒、祝香神咒、淨香神咒。等香過半之後，請戶長擲筊請示神明能否燒化金香給您，應允之後則此安神即告完成。

10、到門口呼請祖先，將香按順時針插入爐內。

11、先安爐，雙手捧爐

> 口唸安奉吉祥話：「時良吉日，天地開張，萬事大吉昌。今天是○府要為○○歷代祖先安奉的大好日子，請○○歷代祖先保佑○府大大小小平安順利、吉祥如意，進呼！進呼！進呼！」

然後祖先牌位也依照同樣方式安置，但必須過爐安奉。

12、準備上述公媽祭品，開始祭拜。

13、全家點香祭拜門口、神明、祖先。

14、老師或戶長於祭拜時要說好話

「一要人丁千萬口，二要子孫萬年興，三要財寶滿金庫，四要子孫好聰明，五要家財萬年富，六要子孫早登科，七要登科狀元郎，八要高官做將相，九要代代入朝房，十要南山壽元長。」

請戶長擲筊問祖先到了否，應允之後則安公媽即告完成。

15、香過半後金紙開始燒化，以大炷香祭拜，原則上一個禮拜香燭不能斷。

16、傍晚黃昏祭拜地基主；入宅三天內，祭

拜當地土地公。

17、每年農曆十二月二十四日為送神日，可以清爐。

PS：安神與公媽屬於非常專業的領域範疇，建議委請老師施作行道科法為宜。

恭請○○神尊 安奉疏文

伏以

心香一炷　　　　　　仰叩鴻恩

今據臺灣省　　　　　號吉宅居住

信士（女）誠心領帶全家福等

涓今　年　月　日　時吉日良辰

敬備香花牲果茶饌○○等

恭請○○眾神降臨本家 稟受祈安　植福信士

虔誠奉敬　祈求

神光普照 • 鎮宅光明 • 全家平安 • 身體健康 • 事業興隆

財源廣進 • 利祿亨通 • 元神光彩 • 貴人顯助 • 闔家平安

家門迪吉 • 四時無災 • 八節有慶 • 男添百福 • 女納千祥

老者福壽 • 少保平安 • 神恩顯赫 • 福祿常來 • 萬事如意

　　恭此

上聞

　　　信士（女）　　　百叩禮拜上疏

天運　年　　月　　日

第二章

祭拜的金銀

紙錢與香束

祭拜的金銀紙錢與香束

在介紹祭拜時使用的金銀紙之前，首先要瞭解金銀紙的由來。由於有好幾種的說法與傳說，可以說是眾說紛紜，但確定的是先有銀紙，再有金紙，而且當初最早是用於祭鬼，而非拜神之用，以下就讓我們一起來探討它的緣由吧！

說法一：東漢時期的蔡倫

蔡倫是東漢時代的人，距今大約兩千年左右，當時蔡倫發明了造紙之後，卻因世人不瞭解其妙用之處，而導致滯銷。於是想出一個解決的方法，就是辭官詐死，並於發喪

之時由其妻大量撒出中間貼著一小張銀箔的所謂當今稱之的「紙錢」，當一些親朋好友前來祭弔的時候，便甚為疑惑？於是問明原因，其妻曰：「此為充作陰間使用的貨幣銀兩，若在靈前燒化七天七夜，可協助亡者在陰間達到疏通獄卒、賄賂閻王的目的，有機會在七天之後死而復活。」

果不其然，蔡倫於七天之後從棺木中復活，眾人大驚之餘，蔡倫便對大家說：「我死後被牛頭馬面帶去見閻羅王，於是將妻子燒化的紙錢送給牠們。後來閻羅王查善惡簿，感念我生前確實有在做善事，而且又送給牠們許多紙錢，於是便放我重回人間。」此乃民間認為燒化「銀紙」確實有積功德、延福壽的妙用，因而相沿至今。

說法二：東漢時期蔡倫的哥哥

另一說則是蔡倫的哥哥蔡莫，跟著他學造紙的技術，因為學藝不精，造紙的品質又低劣之故，因而生意慘澹。於是蔡莫令妻子慧娘詐死，由蔡莫燒化紙錢給慧娘，當慧娘奇蹟式的復活之後，蔡莫製造的低劣粗紙，就被當作很有價值意義的紙錢了。

說法三：始於唐太宗李世民

唐太宗在位時期，夢見宰相魏徵被龍王斬決，因而悲傷欲絕，導致昏迷而靈魂出竅遊至陰曹地府。太宗在陰曹地府看見許多孤魂野鬼在哭泣，太宗於心不忍，便決定行積功德，賜予黃金，並為其做超渡法事。

頃刻間，太宗甦醒返回陽間，但是礙於

陰間流通的都是金銀紙錢，便即刻下詔大赦天下，廣召得道的高僧，如何為亡者做金銀紙錢，進而頒令焚燒金銀紙錢的法則。

由於說法是來自於皇帝，民間當然更加確信燒紙錢能讓往生者收用，使其在陰間的食衣住行樣樣充裕，因而金銀紙才流傳至今。

說法四：始自唐高祖

相傳唐高祖李淵於隋末時期，趁全國大動亂之際起兵政變，而在多年的征戰當中，四處奔波，無一定處。待功成名就，天下納為己有，並且自稱為太上皇之時，返鄉之後才知道慈母已仙逝多年，但是在廣大的墓區卻遍尋不著先母的墳墓。

相傳是唐高祖將攜帶來的紙錢，分置於

各墳墓上，上香誠心誠意祈禱：「慈母在上，我是不孝子李淵，今日特地前來祭拜母親，如為家母之墓，敦請享用墓上的紙錢。」不消片刻，就看見其中一墳的紙錢消失無蹤，才發現母親之墓。

金銀紙的使用

　　「金紙」與「銀紙」有著不同的使用用途。一般金紙用於祭拜神明，銀紙用於祭拜祖先及孤魂野鬼當作財貨之需，兩者切不可相互混淆。

　　另外還有「紙錢」，分為金白錢、庫錢、高錢、五色錢、床母衣、經衣、改運真經（本命錢、補運錢）、替身、甲馬、往生錢等。當然臺灣各地的文化習俗不同，所印製的金銀紙圖樣也會不一樣，但是使用的目的都是相同的。

【第二節】

金紙的種類與用途

頂極金

祭拜玉皇大帝。

屬於最高級的金紙,金箔上寫著「叩答恩光」的字樣。

分為九寸、尺一、尺二;金箔分為四寸、七寸見方。

太極金
（財子壽金）

祭拜玉皇大帝、三官大帝。

有三尊財子壽神像,又稱為「大百金壽金」,金箔上寫著「祈求平安」的字樣。

分為九寸、尺一、尺二;金箔分為四寸、七寸見方。

 天金	**祭拜玉皇大帝 及平常改運之用。** 金紙上寫著「天金」字樣，且繪上書卷圖案。 大小約五寸四方，金箔爲一寸五分。
 尺金	**祭拜玉皇大帝 及平常改運之用。** 金紙上寫著「尺金」的字樣，並且繪上類似花草的圖案。 大小約五寸四方，金箔爲一寸五分。
盆金	**祭拜玉皇大帝及 謝神時之用。** 大小約一尺三見方。
 九金	**一般神明、祖先、犒賞兵將、拜門口好兄弟等。** 時常會使用的金紙，金紙兩旁印有「九金」或「大玖金」字樣。

 土地公金	**一般神明、福德正神、財寶神等。**（四方金、福金） 分為大箔、中箔，尺寸北、中、南各異。
 刈金	**一般神明、祖先、地基主、拜門口好兄弟等。** 分為大箔、中箔，尺寸北、中、南各異。
 壽金	**一般神明祭拜或祈願時均可使用。** 有三尊財子壽神像，金箔上寫著「祈求平安」的字樣。 分為大箔、小箔或大花、小花壽金。尺寸北、中、南各異。

【第三節】

銀紙的種類與用途

 大銀	**祭祀祖先、 喪葬、陰鬼等。** 北部有分為大箔與小箔；南部大、中、小箔皆有。
 小銀	**普渡、祭拜鬼魂之用。** 北部有分為大箔與小箔；南部大、中、小箔皆有。

45

【第四節】

紙錢的種類與用途

 金白錢	**犒賞兵將、壓墓紙、眾神部將之用。** 長方五寸一分乘以二寸一分，有黃色與土灰色合為一組，表面有明顯的鋸齒紋狀。
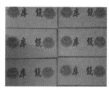 庫錢	**焚化給亡者清償庫官支借的銀錢，以供在冥界使用。** 白色長方一尺五寸乘以八寸，摺成四摺，三十張一封，再用白紙包住，俗稱一萬元，再以十萬為一束。

 高錢	**祭拜玉皇大帝、三官大帝的時候，掛在甘蔗上。** 黃色長方一尺一寸乘五寸九分，面有六條長鋸齒紋，有十二齒、二十四齒、三十六齒之分。
 五色錢	**壓墓之用。** 長方二寸二分乘以六寸二分，有粉紅、黃、綠、土灰、紫五種顏色。
 五色錢	**祭祀床母、七娘媽、註生娘娘、十二婆姐時用之。** 長方二寸乘以二寸五分，為衣料的代表。

 經衣	**祭拜門口好兄弟、地基主時用之。** 長方五寸一分乘以二寸一分，上面印男女衣物、鏡子、梳子、剪刀等。
 改運真經 （本命錢、補運錢）	**祭祀城隍爺、大眾爺、眾王爺消災解厄之用。** 上面印有「改運真經」及「陰陽本命」黃底紅字的字樣。
 替身	**祭改、改運、祭鬼時用之。** 繪印有男性或女性的人形替身，一般都會與「改運真經」及「陰陽本命」紙錢一起使用。

甲馬

請神、送神、犒賞兵將之用。

黃底黑字或紅字,印有神馬、盔甲、刀具等圖形。

注生錢

喪禮之用。

黃底五寸見方,上面印有「注生神咒」,一般都組合摺成元寶或蓮花形狀。

【第五節】

香束

大香

台灣在這一、二十年來，常常看見的大香，舉凡在廟宇、建醮、神明慶典時用之。

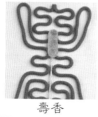

壽香

神明聖誕專用香。

線香

一般最常見的就是線香，有大小、粗細、長短之分。

 環香	「環香」又稱為盤香，僅次於線香的常見用香，燃燒時間依大小從三個小時至數天皆有。
 排香	由多支線香排成的香而稱之，正式祭典中供主祭官上香與新婚夫婦祭祀之用。
 臥香	臥香於「煙供」常見用之，是聚集福德最快速有效的方式。可促進財運、增強桃花、驅除病晦、除障佈施、鎮宅化煞，所謂「上供」、「下施」即是。

第三章

祭拜的
祭祀供品

【第三章】

祭拜的祭祀供品

　　祭拜的前提是你要有一份「虔誠的心」，加上有規矩的禮儀與合宜的祭祀供品前來祭拜，表達對於神祇的尊敬。民間禮儀的祭祀用品相當多元，在此提供一般生活中常見的應景物品及使用用途，列表如下，以供參考。

牲禮

五牲	**祭拜玉皇大帝、三官大帝或婚喪、還願等。**
	全豬或豬頭和豬尾（象徵全豬）、雞、鴨、魚、蝦。
	擺放方式：豬擺中間為「中牲」，雞、鴨擺兩側為「邊牲」，魚、蝦擺後面為「下牲」或「後牲」。
四牲	**用於喜慶、神誕。但因為「四」有諧音之忌，故一般少用。**
	豬肉、全雞、全鴨或鴨蛋、一種海鮮（蝦、蟳、蝦捲、乾魷魚等）。
	擺放方式：豬肉、雞居中間，鴨和海鮮擺兩側。
三牲	**祭拜一般神明等神誕及迎年過節祭祀祖先，或是新墓完工謝后土時。**
	五牲中任選三種，通常為豬肉、全雞、全鴨或魚，此為大三牲。
	擺放方式：面對神明，豬肉為中牲，左雞、右魚。

小三牲	**用於消災解厄、謝外方（指遊方亡魂）、犒將、祭相公爺、喪禮路祭等。**
	小片豬肉、雞蛋、魚，或是豬肉、麵干、豆干兩項擇一為用。
菜飯（五味碗）	**祭祀祖先、孤魂野鬼好兄弟之用。**
	家常菜餚（祖先生前喜歡吃的菜餚）： 1、祭祖時以小碗將豬肉、雞、鴨、魚等，以及烹煮過的菜餚，湊成十二碗，再供上主食米飯或麵條。 2、祭鬼時較不講究，用白米飯、幾碗菜餚、水酒即可。
菜碗	**祭祀神佛，或道教玉皇大帝、三官大帝時之用。**
	乾料或素菜，如香菇、金針、海苔、菜捲、紅豆、黃豆、花生、海帶、豆干、蘑菇、芋頭、麵筋、木耳等。可備六道、十二道、二十四道、三十六道。

麵食、甜點、米食

春捲	**用於「頭牙」、「尾牙」、「清明節」等，因各地習俗有別，而互有差異。**
	以薄麵皮包裹著豆芽菜、芹菜、肉絲、香菜、高麗菜、香腸、花生粉、糖粉、雞蛋等。
湯圓	**用於婚嫁、入宅安香、上元節、冬至等。**
	象徵喜慶、圓滿、團圓、敬神之意等。
粽子	**用於端午節、上樑等。**
	以竹葉包裹糯米飯、肉片、香菇、蝦米、鹹蛋黃、栗子等。
糖果餅乾	**祭拜眾神祇、太子爺、財神爺、土地公等。**
	表示甜甜蜜蜜、圓滿如意，如冬瓜糖、冰糖、巧克力、包裝糖、桂圓、柿餅、泡麵、瓜子、花生、包裝餅乾等。

粿、糕餅類

鼠麴粿	**祭祖、掃墓、中元普渡用之。** 又稱「鼠殼粿」，呈墨綠色或黑褐色，內包碎豬肉、蝦米、蘿蔔絲乾等。
圈仔粿	**祭拜玉皇大帝、 三官大帝（上元、中元、下元）。** 如同紅龜粿，內餡為綠豆，粿面印有成串的古錢紋路。
桃形粿	**小孩做四月日、 歸寧、壽誕等分贈親友之用。** 外表如同桃子的形狀，象徵吉利祥瑞、歡喜誌慶之意。
壽桃	**神明聖誕、壽辰之用。** 麵粉為皮，內餡不一，有紅豆沙、黑豆砂、白豆沙，製成桃狀，外皮染成粉紅色居多。

甜粿	**過年時祭祀神明與祭祖之用。**
	也就是我們常說的「年糕」，象徵年年如意、步步高升。
發粿	**過年祭祀、祭神、祭祖、入宅安香。**
	以在來米製作而成，象徵「發粿發財」之意。
菜頭粿	**過年祭祀、祭神等。**
	以在來米漿和煮爛的蘿蔔絲、蝦米、香菇等製作而成，也就是「蘿蔔糕」，象徵「好彩頭」之意。
芋粿	**年節祭祀神明或中元普渡之用。**
	以芋頭和在來米合製而成，具有「護（芋）孫」之意。
丁仔粿	**清明祭祖之用。**
	糯米搓揉成小長條形，外表染紅，狀似男性生殖器。
紅龜粿	**元宵乞龜、神誕祝壽乞龜之用。**
	製作成烏龜形狀，有麵線龜、米糕龜、麵龜等。
看牲	**用於普渡、建醮、元宵觀賞時用。**
	以紅片糕、糯米，加上染料搓揉製成各種樣式的奇珍異獸、山珍海味等。

【第四節】

水果

	一般神明祭拜、祭祖等。
三果或五果	「四果」代表春、夏、秋、冬四季的水果，所以祭拜以「三」、「五」果為基準，每種水果的數量也以一、三、五、七、九陽數為佳。
	吉利水果：蘋果、荔枝、橘子、柑橘、香瓜、哈密瓜、香蕉、鳳梨、棗子、桃子、西瓜、柚子、甘蔗等。
	不吉利水果：番茄、芭樂、釋迦、榴槤等。
招你來高升	**祈求眾神佛庇佑諸事祥瑞、步步高升。**
	香蕉、李子、梨子（或鳳梨）、糕餅（或米糕）、杏仁餅（或生仁），亦稱「五果」。

| 招你來呷旺 | **祈求眾神佛庇佑事業日蒸、駿業騰達。**

香蕉、李子、梨子、甘蔗、鳳梨,亦稱「五果」。 |

第四章

祭祀神明、祖先的規矩

祭祀神明、祖先的規矩

　　「拜拜」是對於宗教信仰虔誠的行為態度與表現，透過各種禮儀或儀式與神佛溝通，祈求獲得諸佛菩薩眾神的護佑與心靈的慰藉。首先在此章節先介紹居家神明與祖先的祭祀規矩，接續再一一介紹臺灣民間信仰的神佛與民間節慶的祭祀方式。

神桌上陰陽論

01、神尊為陽。

02、公媽為陰。

03、神明爐為陽。

04、公媽爐為陰。

05、文公尺為陽（又稱為門公尺、魯班尺）。

06、丁蘭尺為陰。

07、米為陽，砂為陰。

08、神明金身單數「一、三」為陽，主吉；
雙數「二、四」為陰，主凶。

09、點香單數「一、三」為陽，雙數「二、四」
為陰，顏色以土黃為佳，黑色少用（有
服喪之意）。

【第二節】

神桌上的宜忌

01、神桌以合文公尺之吉位（財、官、義、本）；奉祀的祖先牌位，則取丁蘭尺吉位。

02、神明爐不可高於神尊的胸部，影響事業前途；不可低於膝蓋部位，為「踏爐」暗示發展受限。

03、拜拜時插香以方便為宜，如因太高需要椅子墊腳插香，表示凡事有求於人，難以做主獨當一面。

04、若插香要墊腳跟，為追步之意，凡事雖拚命則還是趕不上，但也不宜太低，太

低則無尊貴感容易被輕視。

05、神尊要高於祖先位，為陽勝陰，男人較
　　能出頭。反之，祖先牌位高於神尊，表
　　示女重責需出頭，男人溫和避世，如客
　　家民俗大有此象。

06、神尊或神明爐太低時，不宜用金紙當座
　　墊，如以金紙當座墊最長時間以一年為
　　限，因「浮爐」並非無期限的。

07、神尊和神明爐為陽居前，祖先牌位與公
　　媽爐為陰居後。

08、祖先牌位與公媽爐不可超前，應女人掌
　　權，陰氣加重，易患陰症或筋骨暗疾。

09、紅龕燈組宜在前，表示前程光明；花瓶
　　宜在供桌之前，因為花要插在前。

10、神明爐有爐神，如移動神尊時不可越爐而過，否則即為冒犯爐神。

11、文公尺為測天地之用，丈量神尊和祖先牌位之依據。丈量神位或爐之高低時，不可直接用文公尺量，量則易退神，應以香枝量後再對照文公尺，公媽亦然（門公尺中藏有神煞需注意）。

神尊排列方式

01、一般家庭神尊以單數「一、三」為主。

02、一般家庭神尊如雙數「二、四」則犯陰，
　　主應家中不安寧。

03、除中間主神明之外，土地公一般居於虎
　　邊，因土地公神職較小，居龍邊坐不穩，
　　易有家庭不和或財運不順的現象。

04、神明又分上界、中界、下界，上界為玉
　　皇、玄天上帝、神農、媽祖，凡是以帝
　　之稱者應居上方。

上香數字的代表

01、上香一炷，代表天庭。

02、上香兩炷，代表地府陰靈。

03、上香三炷，代表三界之神祇。

04、上香十二炷，代表十二元神為化煞之用。

05、上香三十六炷，代表三十六天罡，為天
庭諸神。

06、上香七十二炷，代表七十二地煞，為地
府諸神。

07、上香一○八炷，代表三十六天罡、
七十二地煞，眾神會合，重要祭典之用。

08、插香以端正為宜，斜向內為欺神，向外
　　為欺人。

09、佛教以合掌雙手拜，道教以右手握拳，
　　左手包右拳做揖狀。

10、拜神時雙手宜置胸前行禮狀，代表內心
　　之虔誠敬意，如置頭上則有犯上不敬之
　　意，切忌香枝由地面往上勾拜，此為大
　　不敬。

神尊的儀態樣式

01、神尊站立者，主勞碌。

02、神尊坐椅直視者，主官威。

03、神尊貼椅背者，主懶散。

04、神尊蹺腳者，主優雅休閒。

05、神尊坐馬者，主武職奔波。

06、神尊手執刀劍者，宜武職。

07、神尊手執拂塵者，宜修道。

【第六節】

香爐使用注意事項

01、香灰要常保輕鬆，心情處事就輕鬆，香
　　枝雜亂表示人精神雜亂，要時常保持整
　　潔為宜。

02、香爐以裝香灰最好，如新爐無香灰以豆
　　梗灰也可，絕不可裝砂，砂為陰，裝砂
　　則居家不安。

03、公媽爐要有雙耳，為傳子孫耳；香爐身，
　　表示代代相傳之意。

04、神明爐之位距神桌前緣要合乎門公尺之
　　吉字；公媽爐要合乎丁蘭尺為宜。

05、神明爐的高度要合乎門公尺；公媽爐的

高度要合乎丁蘭尺。

06、喪事辦完後的臨時爐和牌位，於對年要合爐。新喪之主靈牌寫入祖先牌龕內，臨時爐和牌位則於合爐後燒毀（合爐又稱洽爐，屬於非常專業的領域範疇，建議委請老師施作行道科法為宜）。

07、神明爐發爐表示神明來，就是神明入宅巡視，表示好兆頭。

08、公媽爐發爐則應巡視祖先墳墓風水是否有恙，更要小心災禍來臨之兆。

09、神明爐以裝七寶為宜（金、銀、琉璃、硨磲、珍珠、瑪瑙、琥珀），為財源廣進之象徵。

10、公媽爐不可裝七寶或其他異物，易患陰

邪之症。

11、敬天為圓，敬地為方，神明爐要圓形為佳，公媽爐以方形為用。但現今也有公媽爐以圓形較小於神明爐亦可行。

每日早晚燒香祝詞

神明	觀世音菩薩在上，弟子○○○在此向觀世音菩薩請安問好，保佑（厝內）大大小小平安順利，闔家平安，身體健康，家庭美滿，事業興旺，大吉大利，以上啓稟，弟子感恩不盡（若有特別的事由，可逕行稟報）。
祖先	○家歷代祖先在上，晚輩○○○向○家歷代祖先請安問好，保佑（厝內）大大小小平安順利，闔家平安，身體健康，家庭美滿，事業興旺，大吉大利，以上啓稟，晚輩感恩不盡（若有特別的事由，可逕行稟報）。

第五章

拜拜、擲筊、
求籤的方式

【第五章】

拜拜、擲筊、求籤的方式

　　筆者的祖母是「觀世音菩薩」一般臺灣民間稱呼的「乩身」。她能將一些求神問佛的訊息，翻譯或解說讓一般的人知道，簡單的說也就是「翻譯人員」。

　　但是為神佛問事翻譯的過程，「乩身」個人是非常耗費精神與體力的，所以除非在固定或特別的情況之下，與神佛的溝通，也可以透過「擲筊」或「求籤」來達到問事的目的，在此就將拜拜、擲筊、求籤的方法，做一個完整的說明。

拜拜的方法

01、首先要瞭解主神為何？如「玉皇上帝」、「觀世音菩薩」、「天上聖母」、「保生大帝」、「關聖帝君」等。

02、面對廟門，由右邊（龍邊）進入；左邊（虎邊）出來。

03、除非主祀的神明是「玉皇上帝」，否則都會在廟的最外面安置「天公爐」，接著才是主祀的神明爐。

04、先拜「天公爐」，點香的枝數與拜拜的順序，各廟有異，請依照各廟宇的規定即可。

05、點香面對「天公爐」，

口唸：
玉皇上帝在上，弟子○○○
在此向玉皇上帝請安問好，弟子住在（住
址），在此誠心誠意奉請玉皇上帝，庇
佑國泰民安，風調雨順，以上啟稟，弟
子感恩不盡（若有特別的事由，可逕行
稟報與祈求）。

06、由龍邊進入廟內，舉香跪拜主神，

口唸：
觀世音菩薩在上，弟子○○○（出生年
月日、住址、所求何事）在此誠心誠意
向觀世音菩薩請示，奉請觀世音菩薩接
受弟子○○○的參拜，以上啟稟，弟子
感恩不盡。

07、舉凡寺廟或道場問事，首先要參拜完此
廟宇所有神明之後，才開始辦自己所求
的事情或是請求神佛指點迷津（如擲筊、
求籤等）。

【第二節】

擲筊的方式

01、先取杯筊過爐,擲筊問神明是否在案前。

口唸:

觀世音菩薩在上,弟子○○○

(出生年月日、住址、所求何事)

在此誠心誠意向觀世音菩薩請示,如果
觀世音菩薩現在有在本宮,請賜弟子一
個「聖杯」。

02、神明也會外出辦事,如果沒有聖杯,就
表示神明不在,或是當時不適合問事,
請稍待片刻再重新擲筊確認(主神不在
也會允杯,那是因為還有其他神佛可以
回覆的關係)。

地下墊壽金，杯筊平面向上

每次擲筊前先將杯筊繞香爐

03、杯筊有正反兩面：

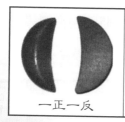	**「聖杯」** 代表神明應允。
一正一反	

「笑杯」

歡喜在心裡，表示問事的內容或說法沒有完全表達清楚，可以再重新想一想說詞，再擲筊。

兩個平面向上

「厭杯」

代表語意不明或是得不到神佛的認同，要重新想一想說詞，再擲筊。

兩個凸起向上

重要而且很慎重的事情，最好能夠求賜連續三個聖杯，若一直反覆無法順利擲出聖杯，則可以利用「求籤」來瞭解。

這樣擲筊才會準

可用這種方法來開運

若有事情要請示神明,擲筊是最常使用的方法。擲筊有正確的流程,這樣擲,問出來的結果才會準!如果能這樣做幫助最大。

步驟一:

準備供品,上香,向佛菩薩稟報姓名、年齡、地址,以及欲請示的事項。

步驟二:

待 10 分鐘後,擲筊請示佛菩薩是否已經查到,若擲得一筊,表示佛菩薩已查到所請示之事,就可以繼續向佛菩薩以擲

笅的方式問事。

步驟三：

問完之後，須「連續擲得三筊」，才代表是佛菩薩的指示。問事之內容需具體，不要模糊，問法盡量是「是嗎？」、「可以嗎？」、「好嗎？」

步驟四：

若沒有連續擲得三筊，則需再重新由其他的角度想問題，繼續發問，直到擲得三筊，此結果才確定是佛菩薩的指示。

【第四節】

求籤的過程

01、求籤之前要先參拜完廟宇內所有的神
　　明，休息片刻再到主殿擲杯求籤。

02、先取杯筊過爐，擲筊問神明是否在案前。

　　口唸：
　　觀世音菩薩在上，弟子○○○（出生年
　　月日、住址、所求何事）在此誠心誠意
　　向觀世音菩薩請示，如果觀世音菩薩現
　　在有在本宮，請賜弟子一個「聖杯」。

03、神明也會外出辦事，如果沒有聖杯，就
　　表示神明不在，或是當時不適合問事，
　　請稍待片刻再重新擲筊確認（主神不在
　　也會允杯，那是因為還有其他神佛可以
　　回覆的關係）。

04、稟示文，

弟子○○○
（出生年月日、住址、所求何事）
今日在此請○○○神佛賜籤，如果同意
賜籤的話，請賜一個聖杯。

05、至籤筒前搖動籤枝，放在案桌上，再次
稟明事由原委之後，再確認是否為神佛
所賜之籤枝，若連續出現三個「聖杯」，
就表示此籤是所賜的籤，看其籤枝的編
號，就可以從籤詩當中獲知吉凶。

06、沒有連續出現三個「聖杯」，就必須重
覆抽籤的動作，直到連允三個「聖杯」
為止。

07、找到籤詩之後，要委請專人解籤，以免
錯解神佛的旨意。

我們有開發求籤線上版軟體
可加 LINE、微信、skype 免費索取

a228

abab257

abab257

abab257

第六章

民間節慶祭祀，
添福迎接好運

農曆初一、十五

　　在臺灣的傳統習俗當中，拜拜一般分為四種方式：一是自宅、二是廟宇、三是公司行號、四是特別儀式（如動土、謝土、地基主、法會、建醮、祭祖等）。

　　家中有安奉神明或公媽，在初一、十五都要拜拜謝神（沒有安神或公媽則不用），原本只是祭拜天上眾神，後來很多人會在同一天祭拜公媽祖靈。所謂「朔望拜神」，朔，農曆初一；望，月圓十五。

　　初一、十五祭拜天神，此一民間信仰傳承的禮俗已有數千年之久，承襲炎黃子孫正統儒道一脈相沿至今，絕非「迷信」粗淺二

字謬論矣！

一、地點與時間

01、在家中神桌擺供，面向神像祭拜（早上
八點～下午三點）。

02、在家中公媽龕前擺供，面向公媽祖靈祭
拜（早上八點～下午三點）。

二、備品

01、熟「三牲」、鮮花、清茶或酒三杯、餅乾、

糖果、麻糬、米粩等。

02、「三果」或「五果」：橘子、蘋果、香瓜、
金桔、鳳梨等。

03、壽金、刈金、土地公金（福金）。

三、參拜方式與程序

01、上貢品，點燃燭臺（沒有亦可）。

02、點上三炷清香，

口唸：

○○○神尊在上，弟子○○○（出生年
月日、住址）在此向○○○神尊請安問
好，今日準備三牲、鮮花、餅乾、糖果、
麻糬、米粩以及壽金、刈金、土地公金，
請○○○神尊來享用，等一下在門口化
金，奉請○○○神尊來領收，祈求保佑
（厝內）大大小小平安順利，闔家平安，
身體健康，家庭美滿，事業興旺，大吉
大利，以上啟稟，弟子感恩不盡。

（任何祭拜的儀式說詞，皆可依照如上所述，只要更換主神的稱謂與庇佑或請求的內容即可）

03、插上清香之後，清香、獻酒（或獻茶）到第三巡，擲筊問金紙可否進行燒化，若得「聖杯」，則可燒化金紙，若沒有「聖杯」，就可以問是否有事要交代或稍候再燒化金紙。（任何祭拜的儀式都可依照如上方式進行）

04、燒化接近結束之後，要進行「撼酒」的程序，表示對於神明或祖先敬酒之意。（任何祭拜的儀式都可以進行撼酒）

中間第一杯	摵酒水摵水水,給咱○府代代子孫賺錢如賺水。
龍邊第二杯	摵圓圓,給咱○府代代子孫年年平安攄大賺錢。
虎邊第三杯	左摵、右摵,給咱○府代代子孫到處都有得賺。

PS：摵酒最好使用臺語發音,才會順口優雅。而在摵酒之前,要拿著酒杯或茶杯,面對神明或祖先行禮,以表敬重之意。

開運方法：

很多人只會唸咒,並不知觀音心咒是可以化財進財的。最常見的是觀音心咒「唵嘛呢叭咪吽」六字真言,這六個音中以「唵」為開頭,以「吽」結界結尾,現在就來說觀音的祕法效應,希願時時處處化身為財寶天王,即是觀世音慈悲行者。

01、簡單的三字咒：唵、阿、吽（淨化天地咒法結界）。

唵	代表白光，是感動與招引宇宙生命骰量本音＝中脈的聲音，可以提高人體心脈的生命活動，可治病除煞、增加福慧。
阿	代表紫光，開啟萬物生命的活力生機源頭，有源源不斷的天地骰量，加持周圍環境，可打開五臟的陰氣，專治業力牽引百病纏身。
吽	代表橙光，是對天地淨化與環境周遭的結界，有避邪避煞的根本骰量，可以震開陰煞，開啟天地間無限的骰量與正氣，延續新生命。

02、六字觀音心咒：

「六字大明咒」屬於發音法，其六音和全身的肺臟經絡都有關係。

唵	代表白光，掌頭頂正氣，呼喚五方諸佛菩薩護持，以開啓天地能量，可以治頭痛、目疾。
嘛	代表紫光，掌印堂正氣，呼喚東方諸佛菩薩護持，可治陰氣中邪失眠。
呢	代表藍光，掌喉嚨功能，呼喚西方諸佛菩薩護持，可治肺臟與小腸問題。
叭	代表紅光，掌心臟功能，呼喚南方諸佛菩薩護持，可治心臟血管問題。
咪	代表黃光，掌下腹功能，呼喚中方諸佛菩薩護持，可治腎臟、泌尿問題。
吽	代表橙光，掌肚臍功能，呼喚北方諸佛菩薩護持淨化與結界，可治陰煞不正鬼神、祛病延壽，專治不孕症。

農曆初二、十六

　　做生意的公司行號，每逢農曆初二、十六要在門口或是當地土地公廟祭拜福德正神，一般稱之為「做牙」，而將拜完的貢品分給員工一起享用，謂之「打牙祭」。

　　平日稱「做牙」，在農曆二月初二首度「做牙」，謂之「頭牙」；農曆十二月十六日則稱為「尾牙」。俗話說：「吃頭牙撚嘴鬚，吃尾牙面憂憂」，表示一年的開始要努力為公司創造業績，而績效考核的好壞，就會在尾牙的時候呈現出來，當尾牙宴雞頭對準某人，亦即回家吃自己的意思了，當然目前的社會都不擺雞頭，以示對於員工的愛戴與慰

留之意。

一、地點與時間

01、 在家中門口擺供，向外祭拜（早上八點～
　　 下午三點）。

02、 前往當地「土地公廟」或有奉祀「福德
　　 正神」的廟宇祭拜。

二、備品

01、 熟「三牲」、鮮花、清茶或酒三杯、餅乾、
　　 糖果、麻糬、米粩等。

02、 「三果」或「五果」：橘子、蘋果、香瓜、
　　 金桔、鳳梨等。

03、 壽金、刈金、土地公金（福金）。

三、參拜方式與程序

01、上貢品，點燃燭臺（沒有亦可）。

02、點上三炷清香，

口唸：

福德正神、土地公在上，弟子○○○（出生年月日、住址）在此向福德正神、土地公請安問好，今日準備三牲、鮮花、餅乾、糖果、麻糬、米粑以及壽金、刈金、土地公金，請福德正神、土地公來享用，等一下在門口化金，奉請福德正神、土地公來領收，祈求我們所經營的生意年年旺，金額蒸蒸日上，財源廣進，大吉大利，以上啟稟，弟子感恩不盡。

03、插上清香之後，清香、獻酒（或獻茶）到第三巡，擲筊問金紙可否進行燒化，若得「聖杯」，則可燒化金紙，若沒有「聖杯」，就可以問是否有事要交代或稍候再燒化金紙。

（祭拜儀式與初一、十五大同小異，唯一不同之處是初二、十六，通常並不擲筊問事）

04、燒化接近結束之後，要進行「撼酒」的程序，表示對於神明或祖先敬酒之意。

開運方法：

在農曆初一、十五或是初二、十六，於住家面向土地公方向或前往你居住地的土地公廟或有奉祀土地公的廟宇拜拜，祈求平安順利，開運招財！並且請加唸土地真言：

「喃嘸三滿多、母馱喃、嗡、度魯度魯、地尾梭哈」。

（總共要唸七遍）然後迴向給土地公伯及大眾，就會有開運招財的效果喔！

【第三節】

正月初一：春節

　　農曆正月初一開春稱為「開正」、「天臘日」，因為是年、月、日、時之始，又稱為「四始」，目前民間統稱為「春節」。

　　「開正」象徵一年的開始，所以無論是儒、釋、道，都會舉行隆重的獻貢禮儀式，但是真正的拜年應該是從除夕團圓飯過後就開始。此時家家戶戶慶團聚，熱熱鬧鬧，喜氣迎人。

　　春節期間彼此親朋好友言語交談不能有不吉利的話語，更不能吵架或被追討債款等，並且在初五之前不能掃地，會有將錢財或財神掃出門之意。

家中若有供奉神明，在初一～初五期間都會有天神進駐，若能持續「供香」綿延不斷，則更能夠得到天神的庇佑，當然也能以環香代替。

一、地點與時間

01、在家中擺供，祭拜神明與祖先（上午）。

02、開春正月初一除了祭拜家中神明與祖先之外，還要前往所信奉的廟宇「行香」，開春第一天到廟裡去祈福，得到的福蔭很大。

二、神明祭品

01、熟「三牲」、鮮花、清茶或酒三杯、麵線三束、年糕、發粿、餅乾、紅圓、糖果、爆竹等。

02、「三果」或「五果」：橘子、蘋果、香瓜、金桔、鳳梨等。

03、壽金、天金、刈金、土地公金（福金）。

三、祖先祭品

01、年菜六～十二碗、甜點糕餅、甜茶、水果、年飯三碗、清茶或酒三杯。

02、銀紙、往生蓮花九朵。

四、參拜方式與程序

01、點上九炷清香，對外祭拜，三炷香插在外面，接著面對家中神明，

口唸：
○○○神尊在上，弟子○○○（出生年月日、住址）在此向○○○神尊請安問好，今日準備麵線、年糕、發粿、餅乾、

紅圓、糖果以及壽金、天金、刈金、土
地公金，請○○○神尊來享用，等一下
在門口化金。

奉請○○○神尊來領收，保佑弟子闔家
平安，身體健康，家庭美滿，財源廣進，
以上啟稟，弟子感恩不盡。

三炷香插在神明爐，最後面對歷代祖先
祭拜，三炷香插入公媽爐。（祭拜的儀
式說詞，皆可依照如上所述，只要更換
主神的稱謂與庇佑或請求的內容即可）

02、插上清香之後，清香、獻酒（或獻茶）
　　到第三巡，擲筊問金紙可否進行燒化，
　　若得「聖杯」，則可燒化金紙，若沒有
　　「聖杯」，就可以問是否有事要交代或
　　稍候再燒化金紙。

開運方法：

01、除夕「守歲」至子時，鳴放鞭炮，以示
開春迎新展新的一年，穿新衣服、新鞋
子（整齊清潔即可），表示萬象更新，
幸福喜樂。

02、大年初一一大早，前往時常祭拜的廟宇
或是眾人聚集的廟宇祈福，此時廟宇內
外的磁場會特別好，可以有消災解厄、
趨吉避凶的效應。

03、當天忌諱吃稀飯，表示諸事不順，更是
貧窮的象徵。

04、不可打掃與倒垃圾，會將家裡的福氣財
運給掃盡，若是要打掃，記得一定要由
外往內掃，而且要將垃圾先留在家中（避
免穢氣，所以要包裹好，做好隔離的動

作）。

05、不小心打破杯盤碗碟，可以將碎片用紅
紙包好，口唸：「碎碎平安」，再前往
廟宇或是便利商店做小額捐款（愛心
箱），即可化解。

06、年前若有欠債未還，過年期間嚴禁催討
或被催討，會影響一整年的運勢。

正月初二：回娘家

　　女兒或孫女出嫁之後，都會選擇在正月初二當天回娘家，除了對於歷代祖先懷有慎終追遠孝心之外，同時探望雙親與家人是否平安、健康。因為傳說每年都會有「年獸」出來吃人，所以嫁出去的女兒或孫女在正月初二要回娘家，探親祭祖，並準備供品、金銀紙祭拜祖先，感恩先人恩德，並且祈求闔家平安，事事如意。

　　同時在當天要準備「伴手禮」與「紅包」，除了給長輩添福添壽之外，若家中還有其他人員，如同樣是回娘家的女兒或是已婚或未婚的兄弟姊妹，也可以互相分送「紅

包」添增喜氣及好運。

一、地點與時間

在家中擺供，祭拜神明與祖先（當日吉時即可）。

二、備品

01、鮮花、清茶或酒三杯、餅乾、糖果、菜碗（準備祖先喜歡的食物）等。

02、「三果」或「五果」。

03、銀紙或刈金、蓮花金（視當地習俗而定）。

三、參拜方式與程序

01、先拜神明再拜公媽，

口唸：
○家歷代祖先在上，晚輩○○○是嫁出去的女兒，在正月初二好時好日，準備鮮花、清茶或酒、餅乾、糖果、菜碗、水果、金銀，來答謝○家歷代祖先，在這一年當中保佑咱○家大大小小平安順利，身體健康，家庭美滿，以上啟稟，晚輩感恩不盡。

02、插上清香之後，清香、獻酒（或獻茶）到第三巡，擲筊問金紙可否進行燒化，若得「聖杯」，則可燒化金紙，若沒有「聖杯」，就可以問是否有事要交代或稍候再化燒金紙。

【第五節】

正月初四：接神納福

　　臺灣民間習俗會在農曆十二月二十四日一早的時候將家中掌管人間的神明送回天上，眾神返回天庭向「玉皇大帝」稟報當年家中所有成員的善惡作為，並且在農曆初四當天迎接家中神祇返回人間，準備初五開始在新年度繼續守護人間，庇佑人們的工作。

　　俗諺說：「送神趁早，接神要晚」。表示眾神在民間辛勞了一整年，所以在農曆十二月二十四日，會早早將神明送上天，便可以返回天庭盡情休息玩樂，而在農曆初四當天，眾神要銷假上班，回天庭又是一年後的事了，就會依依不捨，所以為了對眾神的

體貼與敬意，接神要越晚越好。

又說：「送神風，接神雨」。表示送神日當天最好能夠起大風，使「灶王」能順利返回天庭，免受舟車之苦；而接神當天最好能夠天降甘霖，方能顯現出來年將會是豐收的一年，表示五穀大豐收。

一、地點與時間

01、有奉祀神明可在神明桌祭拜（下午三點～五點）。

02、亦可在家中門口擺供向外祭拜（下午三點～五點）。

二、備品

01、三牲、鮮花、甜湯圓三碗、發粿一個（小

發粿三個）、清茶或酒三杯、糖果、甜品、臉盆＋毛巾＋清水、環保鞭炮等。

02、「三果」或「五果」。

03、土地公金、壽金、天金、刈金、甲馬、金元寶、銀元寶。

三、參拜方式與程序

01、點上三炷清香，對內或對外祭拜，

口唸：

弟子○○○、家中住址，在此誠心誠意恭請○○○神尊、灶神回駕，弟子今日準備三牲、鮮花、甜湯圓、發粿、糖果、甜品、清茶或酒、洗淨水洗塵，以及土地公金、壽金、天金、刈金、甲馬、金元寶、銀元寶來敬奉，請神明庇佑全家一年順利平安，財源廣進，以上起稟，弟子感恩不盡。

02、插上清香之後，清香、獻酒（或獻茶）
　　到第三巡，擲筊得到「聖杯」之後，方
　　能燒化金紙。

03、金紙即將燒化完成之後，可先進行「撤
　　酒」，然後再鳴放鞭炮，完成接神儀式。

開運方法：

　　旺八方財、助家運。

　　將名字和生辰寫在紅紙上，並以自己出
生年月日來準備【開運金】，一併放入紅包
袋中。

例一：

　　民國 47 年 12 月 28 日生，就準備＄4,
120 元的【開運金】，都是取十位數（國曆）。

例二：

民國 54 年 09 月 25 日生，則【開運金】為 $ 5,920 元，年份及月份無十位數則取個位數，但日期無十位數，只能以【零】代替，不可取個位數。

使用方法：

紅包袋安放家中客廳財位方，或金庫中是最好的，若不方便則安放在主臥室抽屜內，或擺放存摺的抽屜內，放好後勿任意移動，就能旺財助運喔！

正月初五：開市大吉

　　正月初五是撤供及開張的日子，稱之為「隔開」，客家人稱為「出年關」。這一天要撤去所有的供品（但是延續到正月十五日才撤供亦可），初五又稱破五，表示新年期間的諸多禁忌，到了今天就可以破除掉了。

　　很多工商行號都選擇在初五開工或開市，因為與「接神」只有相隔一天，於是一般家庭都會將「接神」與「開工」的儀式合併，合稱為「接財神」。

　　民間傳說正月初五是五路財神的生日，因此商家都要循例迎接財神，這一天大多數商店會擇選上午吉時鳴炮祭神，從正月初五

至正月十五之間，都可任選一個良辰吉日吉時來開市。店內以紅紙書寫「開市大吉」、「生意興隆」、「財源廣進」、「財源滾滾」之類的吉祥字句，並且舉行新春團拜，發紅包給員工分享喜氣，表示老闆「有量就有福」，生意亨通，駿業騰達。

一、地點與時間

01、有奉祀神明可在神明桌祭拜（上午吉時）。

02、在公司行號或家中門口擺供向外祭拜（上午吉時）。

二、備品

01、三牲、鮮花、甜湯圓三碗、發粿一個（小發粿三個）、清茶或酒三杯、各式糕餅、

罐頭、飲料、環保鞭炮等（三牲中的雞要用公雞，象徵生意興隆，一鳴驚人）。

02、「三果」或「五果」。鳳梨、橘子、蘋果是拜拜中的極品水果，鳳梨是旺來之意；橘子象徵利市；蘋果代表平安順利。

03、土地公金、壽金、天金、刈金、金元寶、銀元寶、發財金。

三、參拜方式與程序

01、點上三炷清香，對內或對外祭拜，

口唸：

弟子○○○、家中或公司行號住址，在此誠心誠意恭請五路財神爺或○○○祖師爺（可在當天祭拜所屬各行各業的祖師爺，請參考第八章第十五節各行各業守護神職掌），弟子今日準備三牲、鮮花、甜湯圓、發粿、糕餅、罐頭、飲料、

清茶或酒，以及土地公金、壽金、天金、刈金、金元寶、銀元寶、發財金來敬奉，請五路財神爺或○○○祖師爺，庇佑全家大大小小或公司行號順利平安，財源廣進，正偏財運興旺，腳踏四方，方方吉利，以上起稟，弟子感恩不盡。

02、插上清香之後，清香、獻酒（或獻茶）到第三巡，擲筊得到「聖杯」之後，方能燒化金紙。

03、金紙即將燒化完成之後，可先進行「撇酒」，然後再鳴放鞭炮，完成迎財神與開工儀式。

開運方法：

在財神袋中，裝入適當比例之多種中藥材，有木香、丁香、茴香等，將其搗碎，裝入特殊設計的香袋中，並在財神袋畫上【五

路財神招財符令】，加入【五色石】與【五色線】，經由五路財神爺、文武財神加持，功效奇佳。

民間財神分為「文財神」與「武財神」：

關聖帝君：商人們視祂為保佑人們發財的「武財神」。

中路武財神「趙元帥」武藝高強，又被稱為黑虎將軍，一般民間信仰化身為「寒單爺」，是家喻戶曉的神明，其四位部將有：

東路財神招寶天尊－蕭升，

南路財神招財使者－陳九公，

西路財神納珍天尊－曹寶，

北路財神利市仙官－姚少司。

拜五路財神等同於收盡東、南、西、北、中五方之財的意思，有此五路財神加持，一

定可招財進寶、大發利市。

　　文財神有商朝的「比干」、越國的「范蠡」、以及民間求取考試功名的信仰「文昌帝君」皆是。

	原姓名	來歷	成神原因
武財神	關羽	三國時代蜀漢將領	忠義
	趙公明	《封神榜》中協助殷商異人	被姜子牙封神
五路財神1	趙公明 蕭升 陳九公 曹寶 姚少司	中路趙元帥 東路招寶天尊 南路招財使者 西路納珍天尊 北路利市仙官	被姜子牙封神
五路財神2	比干 趙公明 關羽 沈萬三 蘇福祿	文財神 武財神 義財神 財富神 偏財神	歷史有名的人物

財神	何五路	明朝無錫人	抗倭犧牲
文財神	比干	商末忠臣、紂王的叔叔	正直而「無心」
	范蠡	春秋末年越國大夫	善於經商
	石崇	西晉第一富豪	富可敵國
偏財神	韓信	西漢初年名將	以賭安軍心
獸	黑虎將軍	趙公明的坐騎	跟主人一起被封神
	貔貅	龍的公子	將妖魔變錢財
	三腳蟾蜍	喜歡咬錢的怪獸	被道士劉海收服，跟著行善

財神袋功用：

一、開運招財，化煞鎮宅。

二、避鬼降邪，趨惡避凶。

三、納氣歸元，善解怪異諸病。

四、八卦方位納吉，驅逐邪氣。

五、可解陽宅陰鬱，行運蹇滯。

招財袋功用：

大	粗鹽：淨化 希望：種子代表「發牙」的象徵 名譽：七寶石代表多福多名望
小	財富：古銅錢招五路財神

需購買財神袋的朋友請洽李羽宸老師

正月初九：拜天公

　　「玉皇上帝」是道教中最高級的神明之一，其地位僅次於三清道祖，但是在民間信徒的心目中，玉皇上帝卻是眾神之王，管轄著一切天神、地祇、人鬼，在天上宮殿裡的靈霄寶殿，手下的武神有托塔天王、哪吒太子、巨靈神、四大天王、二十八宿、九曜星官、五方揭諦等，文神有李老君、太白金星、文曲星、丘真人、許真人等，還管轄著四海龍王、雷部諸神、地藏王菩薩、十殿閻君等。

　　民間傳說玉帝姓張，名堅，生於正月初九。傳說有一個叫光嚴妙樂的國家，國王淨德和王后寶月光老來無子，於是便邀集道士

們舉行祈禱活動。大約半年過後，有一天晚上，王后忽然夢見太上老君和諸多神明抱著一個嬰兒從天而降，王后懇求太上老君賜給她這名嬰兒，老君微笑應允，醒來之後便有了身孕。嬰兒誕生的當下，滿室生光，這就是後來的「玉皇上帝」。

臺灣民眾奉祀的「玉皇上帝」是神界當中的至尊，民間信仰敬奉的一位大神，或稱「玉皇大帝」、「昊天上帝」、「天帝」、「玉皇」，俗稱「上帝」、「天公」等。

一、地點與時間

01、每年農曆正月初八日，
晚子時開始（晚上 11：00），
至翌日卯時前（早上 07：00）。
若信徒當天不克前往祭拜，必須要提早
前往「天公廟」祭拜，恭祝「玉皇上帝」
聖誕千秋、萬壽無疆。

02、家中若有設吊置的「天公爐」，則將供
桌設在天公爐下祭拜。

03、在家中將供桌設在大門口向天的方向，
向天祭拜恭迎「玉皇上帝」駕臨，恭祝
聖誕千秋、萬壽無疆。

04、當天前往「天公廟」祭拜，恭祝「玉皇
上帝」聖誕千秋、萬壽無疆。

二、備品

01、供桌分為「頂桌」與「下桌」。

02、「頂桌」供五果（如柑橘、蘋果、香瓜、甘蔗、香蕉等）、六齋（如金針、木耳、香菇、冬粉、花生、紅棗，有木、火、土、金、水五行俱備之意）。頂桌是獻給最尊貴的天公，故以清素的齋品為主。

03、下桌是獻給天公的部屬神明，因而是以五牲等葷食為主。供品為五牲（如全雞、全鴨、全魚、全豬、全羊，亦有用魚卵、豬肉或豬肚、豬燙熟即可；此外，還有紅龜粿、甜料（如米棗、甜糕）等。

04、頂桌要備有鮮花一對，點上一對蠟燭，並在淨香爐前擺上三個茶杯，斟上清茶，一盤紮上紅紙的麵線三束（亦可燙熟分

裝三碗，每一碗內再各置一顆黑砂糖）、
亦有在六齋外，再加菜心、豌豆、綠豆、
豆輪、麵筋、麻粩等乾料，組成十二碗、
二十四碗或三十六碗的菜碗，以及糖塔、
糖盞等。

05、若是前往「天公廟」祝壽，只要在廟宇
內或附近購買預先準備好的金紙予以祭
拜即可，因為擺放金紙都已經是層層相
疊，並沒有空間再放供品。

06、在家自行祭拜，要準備壽金、福金、刈
金、大壽金、天公金、金白錢、補運金。

三、參拜方式與程序

01、點上三炷清香，

口唸：
「玉皇上帝」在上，弟子○○○（出生

年月日、住址）在此恭祝「玉皇上帝」聖誕千秋、萬壽無疆、神威顯赫，保佑（曆內）大大小小平安順利，闔家平安，身體健康，家庭美滿，事業興旺，大吉大利，以上啟稟，微臣（或弟子）感恩不盡。

02、插上清香之後，虔誠恭敬的行三跪九叩之禮。清香、獻酒（獻茶）到第三巡，擲筊問金紙可否進行燒化，若得「聖杯」，則可燒化金紙，若沒有「聖杯」，就可以問是否有事要交代或稍候再燒化金紙。

03、燒化接近結束之後，要進行「撤酒」的程序，表示對於神明或祖先敬酒之意。

開運方法：

所謂「太歲當頭坐，無喜恐有禍」，本

日可在家中或廟內安奉太歲。坐太歲、沖太歲、偏沖太歲者可在家中準備：

01、手、腳指甲、頭髮、些許舊衣的衣角、褲腳、置入夾鍊袋放在圓盤上。

02、一張壽金寫上當事者性別、姓名、生辰八字，放在夾鍊袋上方，並且於壽金上放一張與壽金同樣大小的紅紙。

03、用十二個一元或五十元的硬幣，人頭為陰，數字為陽，一個陰一個陽的排放在紅紙上，圍成一個圓。

04、置於神桌上或客廳櫃子上（切勿任意觸摸），此為壓太歲開運法。

六十甲子沖煞生肖一覽表

六十甲子					坐	沖	偏·沖太歲
甲子	丙子	戊子	庚子	壬子	鼠	馬	兔、雞
乙丑	丁丑	己丑	辛丑	癸丑	牛	羊	龍、狗
丙寅	戊寅	庚寅	壬寅	甲寅	虎	猴	蛇、豬
丁卯	己卯	辛卯	癸卯	乙卯	兔	雞	馬、鼠
戊辰	庚辰	壬辰	甲辰	丙辰	龍	狗	羊、牛
己巳	辛巳	癸巳	乙巳	丁巳	蛇	豬	猴、虎
庚午	壬午	甲午	丙午	戊午	馬	鼠	雞、兔
辛未	癸未	乙未	丁未	己未	羊	牛	狗、龍
壬申	甲申	丙申	戊申	庚申	猴	虎	豬、蛇
癸酉	乙酉	丁酉	己酉	辛酉	雞	兔	鼠、馬
甲戌	丙戌	戊戌	庚戌	壬戌	狗	龍	牛、羊
乙亥	丁亥	己亥	辛亥	癸亥	豬	蛇	虎、猴

正月十五：鬧元宵

「三官大帝」就是「三界公」，神明是三位一體，即「天官」、「地官」、「水官」，合稱「三官」或「三元」。在道教中，三官大帝之位僅次於「玉皇大帝」，是十分顯要的神明。三官的功能是：天官賜福、地官赦罪、水官解厄，因與人之禍福榮辱密切相關，故受到民間廣泛的崇拜。

「三官大帝」為上元賜福天官一品紫微大帝、中元赦罪地官二品清虛大帝、下元解厄水官三品洞陰大帝的總稱。每年正月十五日上元節，信徒要向三官大帝祈福，祈求國泰民安、風調雨順，農工商各行各業繁榮昌

盛，六畜興旺，因三官大帝的生日分別在上元、中元和下元，所以三官又叫做「三元大帝」。

傳說天官掌管「天界」；地官掌管「人界」；水官掌管「陰界」。奉玉皇大帝的命令管轄三界，故又稱為「三界公」。

另外道書上有記載，元始天尊分別在元月十五日、七月十五日、十月十五日，各吐出一個嬰兒，長大後就是「堯、舜、禹」三位皇帝。

三官大帝	堯愛民如子，禪讓帝位，感天動地而為「天官」。
	舜侍父母至孝，墾土開荒而為「地官」。
	禹治水功高，德澤百姓而為「水官」。

三官中以天官影響最大，人人追求幸福，所以賜福的天官備受歡迎。天官形象大量出

現在年畫和民俗畫中，是一品大員模樣，身穿大紅官服，龍袍玉帶，慈眉悅目。

天官又常與員外郎（官祿）、南極仙翁（長壽）在一起，合稱「福、祿、壽」三星。過春節時，許多人家喜歡在中堂掛上三星圖，表示三星在堂，喜慶滿門，給人們帶來了幸福與寄託。

正月十五又稱為「元宵節」或「小過年」，因為正月十五日晚上是一年之中第一個月圓夜，而且和春節相距很近。

一、地點與時間

家中神像供桌或門口祭拜（中午或午後吉時皆可）。

二、備品

神龕或門口	五果：柑橘、蘋果、香瓜、鳳梨、香蕉等。
	三牲、壽桃、壽麵三束（綁紅紙）、紅蛋、糖果、甜湯圓三碗、清茶或酒三杯、元宵。
	壽金、刈金、土地公金、金銀元寶。
祖先公媽	「三果」或「五果」。 三牲、紅圓三碗、隨意菜盤碗公湯、碗十個、筷子十雙、紅龜粿兩個、其他祭品不拘、銀紙。

三、參拜方式與程序

※ 神龕或門口

01、安置「頂下桌」供奉，代表信眾對「三官大帝」最高的敬意及禮儀。

02、所謂「頂下桌」，是在八仙桌下方以兩張長條椅為墊底，使頂下桌高人一等，象徵位極尊榮，這是只有「玉皇大帝」與「三官大帝」獨享的宗教儀式。

03、點上三炷清香，

口唸：

「三界公祖」在上，弟子○○○（出生年月日、住址）在此恭祝「三界公祖」聖誕千秋、萬壽無疆、神威顯赫，請三界公祖庇佑全家平安順利，身體健康，家庭美滿，事業興旺，大吉大利，以上啟稟，弟子感恩不盡。

04、插上清香之後，清香、獻酒（或獻茶）到第三巡，擲筊得到「聖杯」之後，方能燒化金紙。

※ 歷代祖先公媽

01、

口唸：

○家歷代祖先在上，晚輩○○○向○家歷代祖先請安問好，今日是正月十五元宵節，晚輩一同誠心誠意準備三牲、紅圓、便菜、紅龜粿、飯湯、銀紙，請○家歷代祖先來享用，等一下在門口化金，請來領收，請○家歷代祖先保佑（厝內）大小平安順利，闔家平安，身體健康，

家庭美滿，事業興旺，大吉大利，以上
啟稟，晚輩感恩不盡。

02、插上清香之後，清香、獻酒（或獻茶）
到第三巡，擲筊得到「聖杯」之後，方
能燒化金紙。

03、燒化接近結束之後，要進行「撼酒」的
程序，表示對於神明或祖先敬酒之意。

開運方法：

元宵節四大開運習俗

01、健康開運

　　「走百病」，祈求平安健康。在元宵節夜婦女相約出遊，結伴而行，便有祛病延年的效果。如今演繹成在這一天舉辦熱鬧的元宵燈會或滿街提燈遊行，施放天燈等，達到提升運勢，健康開運。

02、感情開運

　　未婚男女在當天藉由賞燈的機會結伴出遊，便可以為自己物色心怡與理想的對象。或是與男女朋友同賞花燈，就能夠提升感情運勢。

03、幸福開運

　　吃元宵或湯圓，因為元宵的形狀寓意團

團圓圓，與天上的月亮一樣圓，藉以祈求新的一年圓圓滿滿，萬事如意。

04、聰明開運

在元宵節當天，不管是大人、小孩一起去猜燈謎，對於孩子的智慧有啟發的作用，一般人也可以享有猜燈謎的樂趣，利用節慶全家出遊，一舉數得。

二月二日：頭牙

　　農曆每月的初二、十六，都是犒賞土地公及其底下眾兵將的日子，稱為「做牙」，一般都會準備牲果、茶、花等來祭拜，祈求土地公庇佑主人家生意興隆，財源廣進。

　　何以稱之為「牙」，唐書內有云：「命宰相南北牙群」。文中的「牙」說的是官署，在古代官方祭祀就稱為「牙祭」，最後衍生到祭拜土地公的日子，也稱為「做牙」。

　　尾牙後再十幾天就是除夕過年，正月裡的拜拜都是祈福，並不是犒賞兵將，所以不做牙。等到農曆二月初二，土地公生日那天慶祝土地公生日兼做「頭牙」。

農曆二月初二稱為「頭牙」，一般家庭與工商行號就以此為新年度第一個祭拜土地公的日子，祈求土地公庇佑今年能夠得到事業順利，吉祥如意。

一、地點與時間

01、在家中門口擺供，向外祭拜。但只限於頭牙及尾牙。其他做牙的日子應該去土地公廟祭拜，在家門口拜都算是「犒將」而已。

02、前往當地「土地公廟」或有奉祀「福德正神」的廟宇祭拜。

03、家中有恭奉「福德正神」，則在神桌前祭拜即可。

04、中午或午後吉時皆可。

二、備品

01、「三牲」、鮮花、清茶或酒三杯、紅湯圓三碗、紅龜粿、發粿、壽麵三束（綁紅紙）、餅乾、糖果、麻糬、米粩等。

02、五果：橘子、蘋果、香瓜、金桔、鳳梨等。

03、壽金、刈金、土地公金、發財金、金銀元寶（心誠則靈，土地公會將元寶回償，在新的一年讓你財源滾滾來）。

三、參拜方式與程序

01、點上三炷清香，

口唸：

福德正神、土地公在上，弟子〇〇〇（出生年月日、住址）在此向福德正神、土地公請安問好，今日準備三牲、鮮花、餅乾、糖果、麻糬、米粩以及壽金、刈金、土地公金、壽金、刈金、土地公金、

發財金、金銀元寶請福德正神、土地公來享用，等一下在門口化金，奉請福德正神、土地公來領收，祈求我們所經營的生意年年旺，金額蒸蒸日上，財源廣進，大吉大利，以上啟稟，弟子感恩不盡。

02、插上清香之後，清香、獻酒（或獻茶）到第三巡，擲筊問金紙可否進行燒化，若得「聖杯」，則可燒化金紙，若沒有「聖杯」，就可以問是否有事要交代或稍候再燒化金紙。

03、燒化接近結束之後，要進行「撼酒」的程序，表示對於神明敬酒之意。

開運方法：

農曆二月初二做「頭牙」與農曆初一、十五或是初二、十六相同，可在住家面向土

地公方向或前往你居住地的土地公廟或有奉祀土地公的廟宇拜拜，祈求平安順利，開運招財！並且請加唸土地真言：

「喃摩三滿多、母馱喃、唵、度魯度魯、地尾梭哈」。

（總共要唸七遍）然後迴向給土地公伯及大眾，唸此真言對於祈福求財非常靈驗有效！

國曆四月五日：清明祭祖

　　清明祭祖是華人「慎終追遠」的民俗風情，當天國曆四月五日都會在自家祖先牌位前祭拜完祖先之後，才前往戶外「掃墓」或「靈骨塔」做祭祀的活動。因為當下大地充滿著清新明亮的景象，故稱之為「清明」。

　　清明是二十四節氣其中之一的名稱，而且又與四月四日兒童節相繼的傳統節日。在清明節當天最重要的活動就是掃墓，從民國二十四年開始，政府即明訂國曆四月五日為「民族掃墓節」，全民得以休假「掃墓」，意指替祖先修繕房子，祈求為子孫帶來好運，從此清明節就固定在這一天了。

新墳第一年「掃墓」，一定要在春社之前；第二年「掃墓」，要在春社之後；第三年以後「掃墓」，就依照清明節時令即可。「春社」的日子可參考當年的農民曆，一般都在國曆三月二十日左右，也就是清明節之前。

　　「掃墓」在臺灣分為掛紙（客語）與培墓（閩南語）兩種儀式。

　　「掛紙」又稱為「獻紙」或「壓紙」，表示修繕祖先房子與一年一次的拜墓標記。掛紙塞在墳土之中，使祖先在九泉之下能夠安居，庇佑代代子孫擁有好的運勢與前程。「培墓」儀式較為隆重，通常新墳連續三年都要培墓，若在一年之中有娶媳婦、添男丁、置產，此時須準備豐盛祭品「培墓」，將墓地四周雜草割除，再壓上「墓紙」，插上鮮

花，焚香禱告祈求祖先保佑家族豐衣足食，家庭隆昌，起居安康，後裔興旺，最後焚燒紙錢撒酒即完成掃墓儀式。

一、地點與時間

01、家中祖先牌位前（中午之前）。

02、祖先墳旁后土與墳前
　　（上午九時～下午三時）。

03、靈骨塔土地公與地藏王菩薩
　　（上午九時～下午三時）。

二、備品

01、家中祖先牌位前，準備歷代祖先生前喜歡吃的飯菜、熟三牲、三果或五果、清茶或酒三杯、潤餅及潤餅所須配料等；金紙準備金銀紙（九金、九銀）。

02、祖先墳旁后土或靈骨塔土地公，準備三牲、鮮花、三果或五果、清茶或酒三杯；金紙準備壽金、刈金、土地公金（福金）。

03、祖先墳前，準備歷代祖先生前喜歡吃的飯菜、熟三牲、三果或五果、清茶或酒三杯、潤餅、餅乾等；金紙準備金銀紙（九金、九銀）。

04、靈骨塔地藏王菩薩或諸佛菩薩，備素三牲、鮮花、三果或五果、清茶三杯、餅

乾等；金紙準備壽金、刈金、土地公金。

三、參拜方式與程序

01、「家中祖先牌位前」，點上二炷清香

> 口唸：
> ○家歷代祖先在上，晚輩○○○一同在
> 此向○家歷代祖先請安問好，今日是四
> 月五日清明節。晚輩準備歷代祖先喜歡
> 吃的飯菜、熟三牲、三果或五果、清茶
> 或酒三杯、潤餅等；金紙準備金銀紙（九
> 金、九銀）。請歷代祖先來享用，等一
> 下在門口化金，請歷代祖先來領收，保
> 佑○家代代子孫，闔家平安，身體健康，
> 家庭美滿，事業興旺，大吉大利，以上
> 啟稟，晚輩感恩不盡。

02、「祖先墳旁后土」，點上三炷清香，

> 口唸：
> 土地公在上，弟子○○○一同在此向土
> 地公請安問好，今日是四月五日清明節。
> 弟子準備三牲、鮮花、三果或五果、清

茶或酒三杯；金紙準備壽金、刈金、土
地公金，請土地公來享用，等一下在墳
旁邊化金，請土地公來領收，保佑〇家
代代子孫，闔家平安，身體健康，家庭
美滿，事業興旺，大吉大利，以上啟稟，
弟子感恩不盡。

03、「靈骨塔土地公」，點上三炷清香，

口唸：
土地公在上，弟子〇〇〇一同在此向土
地公請安問好，今日是四月五日清明節。
弟子準備三牲、鮮花、三果或五果、清
茶或酒三杯；金紙準備壽金、刈金、土
地公金，請土地公來享用，等一下化金，
請土地公來領收，保佑〇家代代子孫，
闔家平安，身體健康，家庭美滿，事業
興旺，大吉大利，以上啟稟，弟子感恩
不盡。

04、「祖先墳前」，點上兩炷清香，

口唸：
〇家歷代祖先在上，晚輩〇〇〇一同在
此向〇家歷代祖先請安問好，今日是四

月五日清明節。晚輩準備歷代祖先喜歡吃的飯菜、熟三牲、三果或五果、清茶或酒三杯、潤餅、餅乾等；金紙準備金銀紙，（九金、九銀）。請歷代祖先來享用，等一下化金，請歷代祖先來領收，保佑○家代代子孫，闔家平安，身體健康，家庭美滿，事業興旺，大吉大利，以上啟稟，晚輩感恩不盡。

05、「靈骨塔地藏王菩薩或諸佛菩薩」，點上三炷清香，

口唸：
地藏王菩薩（諸佛菩薩）在上，弟子○○○一同在此向地藏王菩薩（諸佛菩薩）請安問好，今日是四月五日清明節。弟子準備素三牲、鮮花、三果或五果、清茶三杯、餅乾等；金紙準備壽金、刈金、土地公金。弟子○○○來此祭拜我的祖先（祖先姓名、塔位幾樓、編號），弟子○○○誠心誠意祈求地藏王菩薩（諸佛菩薩）能眷顧往生者，早日引渡

歸往西方極樂世界，也請祖先○○○將萬緣放下，好好在此隨菩薩修行，以求早日歸往極樂世界，並且庇佑○家代代子孫平平安安，萬事如意，以上啟稟，弟子感恩不盡。

06、以上燒化接近結束之後，都可以進行「撤酒」的程序，表示對於神明或祖先敬酒之意。全部活動最好在下午三點半之前完成，因為陽氣已逐漸消退，陰氣逐漸增長。

開運方法：

01、掃墓要家族一起前往，不宜各自掃墓，以免先到者把好運勢全帶走。墳墓雜草叢生可能影響後代興衰，因此須割除雜草及培土整修，但切忌為省事而放火燒草，否則如同「火燒厝」。

02、若墓碑字體模糊不清,要以銀硃重新描寫,可安定祖先與後嗣。掃墓逢月事的女性不能踩在墳上,在墓園忌諱跌倒,若不慎跌倒,須找人收驚祭煞,避免招厄。

03、「后土」是墓的守護神,要先拜后土再拜祖先,完成後把紙錢集中焚燒。

04、供品無一定規矩,以討吉兆諧音為佳。建議 5 種意涵的供品,包括發粿(發財)、紅龜粿(安居、長壽)、紅圓仔(圓滿),及在道教儀式可消災解厄的雞、鴨蛋、春干,煮熟的雞、鴨蛋各 12 顆,總計 24 顆代表 24 孝,離開前將雞、鴨蛋在墓碑上敲打,蛋殼丟在墳上,寓意「脫胎換骨」。

05、若到靈骨塔祭拜，須先拜土地公，再拜
　　神明，最後拜祖先，再將金銀紙錢送交
　　集中焚燒，可特別準備五色紙，送燒前
　　留小部分分送家族。

【第十一節】

五月五日：慶端午

農曆五月五日端午節與春節、中秋節是民間傳統習俗三大節日。端午又稱為「端五」、「端陽」、「重五」，「端」是「開端、開始」的意思，古人稱初一為端一，初五則為端五，五月五日重疊兩個五，故又叫做「重五」。農曆正月為寅月、二月為卯月、三月為辰月、四月為巳月、五月為午月、六月為未月、七月為申月、八月為酉月、九月為戌月、十月為亥月、十一月為子月、十二月為丑月，所以古人又把初五稱為午日，所以五月初五又叫「端午」。

端午節鮮少人知在古時候稱為「天中

端午節鮮少人知在古時候稱為「天中

節」。因為農曆五月以後，天氣漸漸炎熱，蚊蟲、蒼蠅孳生，最容易發生傳染疾病，以現今而言，也是登革熱升溫的時期，所以五月自古以來就被視為毒月，五月五日更居毒月毒日之首。因此有祛病趨毒的習俗，如菖蒲、艾草、石榴花、蒜頭、山丹來去除各種毒害。

戰國時代，愛國詩人屈原眼見江山破碎，痛不欲生，於西元前二七八年農曆五月五日抱石投汨羅江含恨自盡。漁民得悉便用竹筒裝米投入江中祭祀屈原。後來改用竹葉包米飯投江祭祀，並於五月五日隆重舉行龍舟競賽來紀念屈原，進而演繹為五月五日吃粽子、賽龍舟、戴香包、喝雄黃酒、掛菖蒲與艾草、立午時蛋的習俗，更重要的是要在這一天祭拜祖先緬懷先人。

一、地點與時間

01、在家中擺供，祭拜神明與祖先（中午十二點之前）。

02、祭拜地基主，拜或不拜，視各地習俗而定（下午三點左右，供品置於矮桌上）。

二、備品

03、「祭拜神明」，準備三牲、三果或五果、清茶或酒三杯、鮮花、粽子等；金紙準備壽金、土地公金。

04、「祭拜祖先」，準備三牲、隨意菜盤碗公湯、碗十個、筷子十雙、三果或五果、清茶或酒三杯、鮮花、粽子等；金紙準備金銀紙（九金、九銀）。

05、「祭拜地基主」，準備一碗飯、一盤菜、

一碗湯、一顆水果、一雙筷子、三炷香、
一杯開水、三碗清圓（清圓入宅必備平
常可免）；金紙準備銀紙、經衣。

三、參拜方式與程序

01、「祭拜神明」，點上三炷清香，

口唸：
○○○神尊在上，弟子○○○在此向
○○○神尊請安問好，今日是端午節。
弟子準備三牲、三果或五果、清茶或酒
三杯、鮮花、粽子等；金紙準備壽金、
土地公金。請○○○神尊來享用，等一
下化金，請○○○神尊來領收，保佑弟
子闔家平安，身體健康，家庭美滿，事
業興旺，大吉大利，以上啟稟，弟子感
恩不盡。

02、「祭拜祖先」，點上兩炷清香，

口唸：
歷代祖先在上，晚輩○○○一同在此向

歷代祖先請安問好，今日是端午節。晚輩準備三牲、歷代祖先喜歡吃的飯菜、三果或五果、清茶或酒三杯、鮮花、粽子等；金紙準備金銀紙（九金、九銀）。請歷代祖先來享用，等一下化金，請歷代祖先來領收，保佑代代子孫，闔家平安，身體健康，家庭美滿，事業興旺，大吉大利，以上啟稟，晚輩感恩不盡。

03、「祭拜地基主」，香案置於門口內向屋裡或是廚房面向客廳祭拜，點上三炷清香。

口唸：

地基主於此良時吉日，保佑我等入住本吉宅「住址」，全家大小出入平安、人緣廣佈、財源廣進、鴻運昌隆。半炷香後雙手捧金紙：敬請地基主來領收金銀「告知何處領收」，之後迅速火化金紙及未燃完全之香一同化之，即圓滿完成。【報地址門牌號碼，不報人名】

開運方法：

正午十二點，曬到陽光的水（早上八、九點開始，預先以臉盆或容器準備），或是直接打開家裡的水龍頭，接出來的水都叫做午時水。可以存放一些在浴缸，晚上加上艾草和香茅用來洗澡，如此對身體很好喔！

門口前放一把艾草，如果家有後門，也可以再放一把，洗澡可用另外一把。取一些午時水，放入十二個銅板（一元、五十元皆可），十二個銅板代表十二小時、十二時辰、十二生肖、十二個月。接著把雙手放進午時水中洗一洗，可以幫助你換上一整年的好手氣喔！將過去不好的手氣，藉由午時水引來的好運氣將前半年的穢氣洗淨，把不好的手氣換掉，讓你擁有好運勢。

最後可將十二個銅板帶在身邊或放入家中聚寶盆，等於「無時無刻」都讓你「帶錢」在身邊。雙手洗完後，手上帶「財氣」，讓你財氣時時都有。

七月一日：開鬼門

　　臺灣民間習俗將農曆七月稱為「鬼月」，七月初一為「開鬼門」，開啟地藏王菩薩所管轄的冥府地獄門，直至七月底為止。讓好兄弟，所謂的孤魂野鬼能夠在這段期間來民間活動，享受普渡盛宴，庇佑在陽間的家人都能夠平安如意，諸事順利。

　　陰曹地府開完鬼門之後，讓所有在陰間受苦難的鬼魂，能在此時重回陽間探望後代子孫，民眾在當天下午兩點左右，準備供品祭拜好兄弟。其實回到陽間的鬼魂，很多是無家可歸，為了讓經過家門的好兄弟也能夠享用，於是家家戶戶都會在門口擺上供品，

其中一定要有「空心菜」，表示無心留客，
另外還有「薑」山珍、「鹽」海味之意。

命好心又好，榮華發達早；心好命不好，
一生也穩飽；命好心不好，前程恐難保；心
命都不好，窮苦直到老。在「鬼月」期間，
日常生活作息與往常並沒有什麼差別，平常
只要多說好話，做好事，心存善念，做好事
要發自內心，不求回報，積陰德者必有陽報，
經常行善積德之人，其純真無私之心，必定
能夠逢凶化吉轉好運。

一、地點與時間

01、在家中面向門口祭拜
　　（下午兩點左右）。

02、是否需要祭拜地基主，端視各地習俗而

異，儀式同慶端午祭拜地基主
（下午三點左右，供品置於矮桌上）。

二、備品

01、飯菜六、十、十二碗，水果、一鍋米飯、
糕餅、飲料、糖果、餅乾、泡麵、空心
菜（無心留客）、薑（山珍）、鹽（海味）
等。

02、臉盆、清水、毛巾、牙膏、漱口杯置於
矮凳供桌旁，供好兄弟清潔之用。

03、壽金、土地公金、刈金、銀紙、經衣。

三、參拜方式與程序

01、點上清香（算好供品數量），

口唸：

土地公在上，弟子在此（不需報上姓名、住址等）向土地公請安問好，奉請土地公來作主，引路讓好兄弟來享用祭品（每樣供品都要插上一炷香，稱為「孝孤」），以上啟稟，感恩不盡。

02、插上清香之後到第三巡，雙手捧金銀紙三拜，即可燒化金銀紙。

開運方法：

道家、寺廟用桃木製作各種法器，凡驅鬼避邪必用，民間流傳家中安置「桃木」，可避煞防邪，以保平安，其能量超過目前市面上所能見到之驅邪化煞物品，美名為「驅邪化煞之王」實不為過，其功用如下：

01、一般人平日隨身配戴，「陰邪」不侵，尤以遠遊、出國旅行、到陌生環境處更是需要，平平安安出門，快快樂樂回家。

農曆七月鬼月最好不要離身，可確保平安無事。沖犯太歲或運勢不順者，更需隨身配戴。

02、屬於「陰性體質者」，常常受到「無形」的干擾，日夜顛倒，配戴確實可以改善。一般人晚上睡不成眠，將「桃木蓮花八卦」置於枕頭下、或頭下、或握在手中、或掛於胸前，效果都非常明顯。

03、常常進出磁場不佳的地方，如墳場、納骨塔、醫院、殯葬之處等，配戴「桃木蓮花八卦」，可實質增強護身防陰邪侵犯。

04、醫護人員白天陽氣旺盛尚且無礙，若值「大夜班」，或在「加護病房」進出，配戴最為理想。工作日夜顛倒者，住院

者，配戴可護身防邪，
永保安康。

05、轎車內吊掛「桃木蓮花
八卦」，外在陰邪不敢
侵犯，永保行車平安。

06、屋內與臥室均可吊掛
「桃木蓮花八卦」，避
煞防邪百分百。

07、使用「桃木蓮花八卦」
收驚，效果非常好。

08、除了驅邪、化煞、護身
之外；並能開運、招福、
納財，雙效合一。

【第十三節】

七月七日：七夕情人節

　　農曆七月七日傳說是牛郎與織女每年於鵲橋相會的日子，稱為「七夕情人節」，當天也是織女七星娘娘「七娘媽」的聖誕，另外也是「床母」的生日，都是兒童的保護神。沒有子女的，會賜予子息；有子女的，能保佑健康平安。

　　是故許多小孩在十六歲之前，都會配戴「七娘媽」的香火袋，待十六歲時的七月七日舉行盛大的祭祀來還願，此為民間俗稱的「做十六歲」，仍然保持古禮祭祀科儀者，就屬臺南古都最為完整。

　　民間信仰的床神是女性，所以叫做「床

母」，祭祀嬰兒神「床母」，是兒童的保護神，在孩子十六歲以前都要拜床母，祭品放在床舖正中央，如此孩子才會睡得安穩。祭拜時不用筷子，在上香時祝禱：「暗時好睏，日時好七逃」，之後立刻化金，並撤回供品。傳說床母要全心全意專心照顧小孩，孩子快快長大，深怕床母過於寵溺小孩而容易賴床，故享用祭品不能佔據太多時間。

一、地點與時間

01、在家中面向門口祭拜
（下午三點～五點）。

02、是否需要祭拜「床母」，端視各地習俗
而異（下午五點之後）。

二、備品

01、「祭拜七娘媽」，準備三牲、麻油雞酒、
水果、清茶與酒各三杯、鮮花、一盤麵、
七味碗（如油飯、湯圓、米糕、雞酒、
桂圓、紅蛋、蓮子、花生等）、菜碗（如
豆干、青菜、韭菜、白菜頭、魚丸、金針、
木耳、發糕、肉片、小魚、芹菜、芋頭、
米粉、豬腸、黑豆等，挑選出六、十或
十二樣來祭祀，須為熟食）、胭脂粉、
鏡子、梳子、香花兩朵、臉盆清水、毛

巾等；金紙準備壽金、土地公金、刈金。

02、「祭拜床母」，準備麻油雞酒、油飯；
金紙準備壽金、福金、床母衣。

三、參拜方式與程序

01、「祭拜七娘媽」，點上三炷清香，

口唸：

七娘媽在上，弟子（姓名、生辰、住址）
在此向七娘媽請安問好，今日是七月七
日；七娘媽聖誕。弟子誠心誠意準備三
牲、麻油雞酒、水果、清茶與酒各三杯、
鮮花、一盤麵、七味碗、菜碗、胭脂粉、
鏡子、梳子、香花兩朵、臉盆清水、毛
巾等；金紙準備壽金、土地公金、刈金。
敬請七娘媽來享用，等一下化金，請七
娘媽來領收，祈求七娘媽庇佑全家大小
平安，感情順利，以上啟稟，弟子感恩
不盡（若有其他請求亦可另行稟明，如
求子、姻緣等）。

02、「祭拜床母」，在未滿十六歲小孩床上擺放供品和金紙。點三炷清香。

口唸：

今日是七月七日，弟子（姓名、生辰、住址）誠心誠意準備麻油雞酒、油飯；金紙準備壽金、福金、床母衣來敬奉床母，祈求床母庇佑小孩能夠平安順利長大成人，以上啟稟，弟子感恩不盡（約莫三～五分鐘，即可燒化金紙再撤下供品）。

開運方法：

01、如何求得好姻緣

想要求得好姻緣，首先房子一定要保持整齊與清潔，尤其是臥房之內。除了平時祈求「月下老人」與「七娘媽」的祝福之外，最重要的是在屬於姻緣方與掌管愛情、幸福的「西南方」做好風水的

佈局。

更可以在臥房的西南方，於月圓之時，放置七朵無刺玫瑰及一朵百合花，枯萎時要立即更換，連續七七四十九天之後，即可招來好桃花。

02、 如何求得好桃花

生肖	如何求得好桃花
申子辰 猴鼠龍	在西方擺放心形的金飾或是金色代表愛情的幸運物。
巳酉丑 蛇雞牛	在南方擺放一盞明亮的燈，每天點亮。
寅午戌 虎馬狗	在東方擺放一對木製鴛鴦或是一對男女佳偶。
亥卯未 豬兔羊	在北方擺放藍色水晶或是琉璃天鵝一對

03、不管使用哪一種方式，在睡覺前要用心冥想結婚或交往的情景，持續七七四十九天，同時在房間佈置一些溫

馨圖畫，如此姻緣桃花便會悄悄進來了。

04、拜月老

素果、糖果、圓的夾心餅乾、桃子。

※ 有對象的可帶鮮花，代表著開花結果。

※ 沒有對象的，購買一小包（半斤）紅棗。代表添喜氣（紅），早一點找到（棗、找、早）。紅棗拜拜前先拿紅盤裝，拜好可帶回家泡茶喝。

※ 答謝神明，訂婚喜餅及拜月老供品。

知名月老廟

基隆	基隆慈雲寺後殿 基隆市安一路 177 巷 46 號
宜蘭	宜蘭四結福德廟月老殿 宜蘭縣五結鄉上四村福德路 68 號
臺北	霞海城隍廟 臺北市迪化街一段 61 號
臺北	情人廟「照明寺」 奇岩里崇仰七路五十三號

臺北	龍山寺－後殿月下老人 臺北市廣州街 211 號
臺北	大稻埕慈聖宮右廂 臺北市大同區延平北路二段 225 號
臺北	松山霞海城隍廟 臺北市八德路四段 439 號
新北	石碇月老和合二仙殿 新北市石碇鄉雙溪口 45-2 號
新北	石門鄉【情人廟】 新北市石門鄉富基村楓林路 42 號
桃園	受鎮月老宮 桃園縣中壢市普忠路 332 號
桃園	桃園新屋八路財神廟 桃園縣新屋鄉笨港村埔子頂 30-11 號
新竹	新竹古奇峰普天宮月老殿 新竹市高峰路 306 巷 66 號
臺中	月下老人廟 臺中市東海路定緣巷 1 號
臺中	臺中樂成宮（二樓） 臺中市東區旱溪街 48 號
彰化	鹿港天后宮後殿 彰化縣鹿港鎮玉順里中山路 430 號

南投	日月潭龍鳳宮 南投縣魚池鄉水社村中山路 292 號
雲林	雲林北港開基月老寶殿 北港鎮民治路 74 號
嘉義	嘉義城隍廟 嘉義市東區吳鳳北路 168 號
臺南	臺南大天后宮：（有對象者） 臺南市永福路 2 段 227 巷 18 號
臺南	臺南武廟（武月老）※ 專打小三 臺南市中區永福路二段 229 號
臺南	臺南大觀音亭月老，有嘴大好說緣 分之稱 臺南市北區成功路 86 號
臺南	臺南重慶寺：解決感情波折及求姻 緣桃花 臺南市中西區中正路 5 巷 2 號
高雄	高雄武廟月老殿 高雄市苓雅區武廟路 52 號

月老有空可以多去拜，可以祈求婚姻幸福，對象盡早出現。

七月十五日：慶讚中元

　　中元為道家的說法，所謂：「天官賜福，地官赦罪，水官解厄」，合稱為「三官大帝」。相傳在中元節時，地官大帝會為鬼魂赦罪祈福，免於受苦。於是民間將祭拜「三官大帝」和「普渡亡魂」混為一談，其實性質是不同的。祭祀「三界公」活動會有道士誦經做法會，接續才會普渡十方孤魂野鬼，只是時間同為農曆七月十五，才容易造成大眾的混淆。「普渡」就是「普結善緣、普遍渡化大地水陸無祀無主的男女孤魂」，可分為「鬼月普渡」與「作醮普渡」。普渡時都會擺設長長的供桌，通常以寺廟、各行業別、大樓、社

區鄰里為主，以豐盛祭品來祭拜好兄弟。

中元節的祭祀，一是緬懷祖先的孝道，一是發揚樂善好施的義舉。是故在慶讚中元的同時，不再只是祭祀鬼魂而已，期盼能更貼近人鬼同歡的普渡意涵。若在普渡期間，讓一些無子嗣的孤魂野鬼，感受到人間關懷的熱忱，更有助於孝道的宣揚，才是慶讚中元節最具正面的價值與意義。

一、地點與時間

01、祖先牌位前祭拜（中元節前一天或是當天十一點以後）。

02、在家中面向門口、公司行號門口祭拜（下午一點以後）。

03、寺廟、各行業別、大樓、社區鄰里（配

合公普時間，七月內每一天皆可，視各地習俗而異，但是公普的時間一般都在下午開始進行）。

二、備品

01、「祭拜祖先」，準備三牲、隨意菜盤碗公湯（六碗、十碗、十二碗）、三果或五果、清茶或酒三杯、鮮花、一鍋米飯、糕餅等；金紙準備金銀紙（九金、九銀）。

02、「拜門口或公司行號」，準備三牲、飯菜六、十、十二碗，三果或五果（拜好兄弟忌用鳳梨，有「旺來」之意；亦忌用「香蕉與梨子」，有招你來的含意）、一鍋米飯、飲料七瓶或酒七杯（一般家庭式都改用飲料）、筷子七雙、糖果、餅乾、泡麵、芋頭、空心菜（無心留客）、

薑（山珍）、鹽（海味）、臉盆清水、毛巾置於矮凳供桌旁，供好兄弟清潔之用；金紙準備金銀紙（九金、九銀）。

03、「寺廟、各行業別、大樓、社區鄰里」會集中普渡，準備紅色小臉盆二、四、六、八、十碗皆可，碗內可放置泡麵、飲料、酒類、香菇、水果、餅乾、白米、香菸、糖、鹽、醬油、醋、味精、茶葉等，其他由大會統一辦理；金紙準備金、銀紙（九金、九銀）。

三、參拜方式與程序

01、「祭拜祖先」，點上兩炷清香，

口唸：
歷代祖先在上，晚輩○○○一同在此向歷代祖先請安問好，今日是七月十五中元節。晚輩準備三牲、歷代祖先喜歡吃

的飯菜、三果或五果、清茶或酒三杯、鮮花、米飯、糕餅等；金紙準備金、銀紙（九金、九銀）。請歷代祖先來享用，等一下化金，請歷代祖先來領收，保佑代代子孫，闔家平安，身體健康，家庭美滿，事業興旺，大吉大利，以上啟稟，晚輩感恩不盡。

02、「拜門口或公司行號」，點上清香（算好供品數量），

口唸：
今日是七月十五中元節，弟子（姓名、生辰、住址）在此向地官大帝以及好兄弟請安問好，弟子誠心誠意準備三牲、菜碗，三果或五果、米飯、飲料七瓶或酒七杯、糖果、餅乾、泡麵、芋頭、空心菜、薑、鹽、臉盆清水、毛巾；金紙準備金、銀紙（九金、九銀）。奉請地官大帝以及好兄弟來享用接收，保佑信士（信女）闔家平安，身體健康，家庭美滿，事業興旺，大吉大利，以上啟稟，弟子感恩不盡。

（每樣供品都要插上一炷香，所以要算香枝的數量）。

03、插上清香之後到第三巡，雙手捧金、銀紙三拜，即可燒化金、銀紙。

04、「公普寺廟、各行業別、大樓、社區鄰里」，備品亦可如上或以舉辦單位規定為標準，其他參拜事宜以廟宇或各地方習俗不同而異，原則上配合大會統一辦理即可。

開運方法：

臺南市天壇天公廟，中堂懸掛「一」字橫匾，「一」字四周刻文由右上角逆時針寫著：

世人枉費用心機，天理昭彰不可欺，任爾通盤都打算，有餘殃慶總難移，盡歸

善報無相負，盡歸惡報誰便宜，見善則遷由自主，轉禍為福亦隨時，若猶昧理思為惡，此念初萌天必知，報應分毫終不爽，只爭來早與來遲。

其中的寓意：「人有千算，天有一算，也就是人算不如天算，若行壞事，而沒有報應，則天理何在？命理何存？是故開運的五大法門：「一命，二運，三風水，四積德，五讀書」。

平常多多積德行善，連好兄弟都會庇蔭善心之人而添福添壽矣！

七月底：關鬼門

　　農曆七月初一是地藏王菩薩打開所管轄地獄門的日子，俗稱的「開鬼門」，直到農曆七月底就要進行「關鬼門」的儀式，讓來到陽間一個月的好兄弟們回到地府。另外當天更是「地藏王菩薩」的聖誕，所以在當天會舉辦盛大法會祭典來祝壽，並且準備供品送別好兄弟，也是當月普渡的最後一天，故又稱為「孝月底」。

　　掌管地獄的地藏王菩薩是救渡地獄眾生的大菩薩，希願受苦的鬼靈都能夠解脫，離苦得樂，於是菩薩立下大宏願：「地獄不空，誓不成佛，眾生渡盡，方證菩提」。

地藏王菩薩是教化地府鬼靈之師，有些人一生作惡多端，又未積德行善，過世後黑白無常將其魂魄帶到所屬的城隍廟登入陰籍，接著再送到幽冥地府。而只要入鬼道就好像生不如死一般，必須等待陽上子孫行善積德，並廣設水陸法會，供奉地藏王菩薩或十方諸佛之功德來迴向，鬼魂才有可能得到利益。若想離開幽冥之苦難，也只有感恩地藏菩薩之慈悲，才能得以救渡。

一、地點與時間

01、拜門口或公司行號

　　（早上十一點～下午一點）。

02、靈骨塔地藏王菩薩

　　（下午一點開始）。

　　PS：因應現今工商社會忙碌快速的生活步調，很多家庭都簡化只有拜月中或是配合寺廟、各行業別、大樓、社區鄰里等進行祭拜，是故祭拜的禮儀與規矩，讀者可以自己酌量本身的狀況。

二、備品

01、「拜門口或公司行號」，飯菜六、十、
　　十二碗，水果、白米、飲料、糖果、餅乾、
　　泡麵；金紙準備壽金、土地公金、刈金、

銀紙、經衣。

02、「靈骨塔地藏王菩薩」，會集中普渡，準備紅色小臉盆二、四、六、八、十碗皆可，碗內可放置泡麵、飲料、酒類、香菇、水果、餅乾、白米、香菸、糖、鹽、醬油、醋、味精、茶葉等，其他由大會統一辦理；金紙準備金、銀紙（九金、九銀）。

03、若祖先的靈骸沒有安置在靈骨塔，則可以在自家「神明廳」或前往有供奉「地藏王菩薩」的廟宇參拜。

三、參拜方式與程序

01、「拜門口或公司行號」，點上清香（算好供品數量），

口唸：
土地公在上，弟子〇〇〇（不需報上姓
名、住址等）向土地公請安問好，奉請
土地公來作主，引路讓好兄弟來享用祭
品，以上啟稟，感恩不盡。

02、插上清香之後到第三巡，雙手捧金、銀
紙三拜，即可燒化金、銀紙。

03、「靈骨塔地藏王菩薩」，點三炷清香

口唸：
地藏王菩薩（諸佛菩薩）在上，弟子
〇〇〇一同，在此向地藏王菩薩（諸佛
菩薩）請安問好，今日是七月三十日地
藏王菩薩聖誕的大好日子以及關鬼門的
日子。弟子誠心誠意準備泡麵、飲料、
酒類、香菇、水果、餅乾、白米、香菸、
糖、鹽、醬油、醋、味精、茶葉等；金
紙準備金、銀紙（九金、九銀）。弟子
〇〇〇在此恭祝地藏王菩薩聖誕千秋，
萬壽無疆，神威顯赫，也祭拜我的祖先
（祖先姓名、塔位幾樓、編號），弟子
〇〇〇誠心誠意祈求地藏王菩薩（諸佛

菩薩）能眷顧往生者，早日引渡歸往西方極樂世界，也請祖先○○○將萬緣放下，好好在此隨菩薩修行，以求早日歸往極樂世界，並且庇佑○家代代子孫平平安安，萬事如意，以上啟稟，弟子感恩不盡。

04、其他參拜事宜以廟宇或各地方習俗不同而異，原則上配合大會統一辦理即可。

開運方法：

要開運、改運可選擇命局中之「用神」
來加以運用，對命運的改變可說不無小補。

您本命八字用神如果為「木」：

應該在肝與手腳方面較容易出問題。最
好多吃青菜、酸類食物、醋、水果、烏龍茶
等等。穿著以綠色系列為主，宜留長髮、配
戴翡翠、綠寶石。家中用品應選擇木類製品，
室內多擺設盆栽。醫療以中醫系統為主，拔
罐、刮沙等方式。神佛參拜以觀世音、天上
聖母為主。

你本命八字用神如果為「火」：

應該在視力、心臟方面較差，易有失眠
現象。可多吃辣椒、紅茶、紅豆、熱食、小腸、
白蘭地酒。穿著以紅色、暖色系為主，髮型

宜捲燙，配戴紅寶石。住屋宜選擇熱鬧地區，室內宜選用電燈，日光燈次之。體能運動以籃球、羽毛球、排球、足球為主。醫療以中醫、溫灸為主，並多供應所需之熱量。神佛參拜以關聖帝君為主。

你本命八字用神如果為「土」：

應該在脾、胃方面稍差，飲食需正常。多食五穀雜糧、蛋、甜點、玉米、地瓜、威士忌或水果酒。穿著以黃色、米色系列為主，留短髮或平頭，配戴黃金飾品、蜜臘(黃色)。住屋擺設以土色地磚較合宜。體能運動以高爾夫球、網球、乒乓球、爬山為主。健康保健以三溫暖、指壓的方式鬆懈緊張的身心。神佛參拜以土地公、城隍爺為主。

你本命八字用神如果為「金」：

應該在肺、大腸方面較差，應多吃白葡萄、番石榴、薏仁、大白菜，穿著以白色系列為主，配戴鑽石、白金。住屋擺設以金屬鋼製品為佳，宜選用日光燈較不適合燈泡。適合靜坐、練氣功。醫療以西醫或手術開刀較易痊癒，針灸亦良好。神佛參拜以千歲、將軍為主。

你本命八字用神如果為「水」：

　　應該在腎、膀胱方面較弱。應多食黑豆、豬肉、葡萄、海產類、啤酒。穿著以藍色、黑色、暗色系為主，配戴藍寶石。住宅以靠近水邊最佳，室內燈光不宜太明亮。體能運動適合游泳、電腦。醫療較適合中醫放血。神佛供奉以玄天上帝、清水祖師為主。

八月十五：中秋節

　　農曆八月十五日「中秋節」是民間的一個傳統節日，與春節、端午節並列國人的三大節日之一，又稱為「八月半」，是「太陰星君、太陰娘娘」的聖誕，拜的就是「月亮」。只是現代人都停留在中秋賞月，吃月餅、柚子、烤肉等活動，而將祭祀的儀式給遺忘了。

　　農曆八月為秋季的第二個月，第一個月稱為孟秋，第二個月稱為仲秋，第三個月稱為季秋，因此民間稱為「中秋」，又稱秋夕、八月節、八月半、月夕、月節，而且當天月亮滿盈，意味圓滿團圓之意，故又稱為團圓節。

中秋節的起源有很多不同的說法，包括「嫦娥奔月」、「月神生日」等神話傳說，不過都離不開春耕、秋收的祈求與感恩，因為歷朝皇帝幾乎都維持著「春天祭日、秋天祭月」的盛典以供為證。

　　古時是先有「祭月」，隨著時代變遷才有「賞月」的習俗。祭月就是酬神「太陰星君」祭祖，僅存一些廟宇有此活動之外，臺灣民間都將中秋節的重點活動放在「祭祖」之上了，同時也是賞月與全家歡樂慶團圓的日子。

一、地點與時間

01、在家中擺供，祭拜神明（上午）與祖先（中午之前）。

02、是否需要祭拜地基主，端視各地習俗而異，儀式如同慶端午祭拜地基主（下午三點左右，供品置於矮桌上）。

二、備品

01、「祭拜神明」，準備三牲、三果或五果、清茶或酒三杯、鮮花、柚子、月餅、各式菜碗等；金紙準備壽金、刈金、土地公金。

02、「祭拜祖先」，準備三牲、隨意菜盤碗公湯（六、十、十二碗）、三果或五果、清茶或酒三杯、鮮花、柚子、月餅等；

金紙準備九金、九銀、經衣。

03、「祭拜地基主」，準備一碗飯、一盤菜、一碗湯、一顆水果、一雙筷子、三炷香、一杯開水、三碗清圓（清圓入宅必備平常可免）；金紙準備銀紙、經衣。

三、參拜方式與程序

01、「祭拜神明」，點上三炷清香，

口唸：

○○○神尊在上，弟子○○○在此向○○○神尊請安問好，今日是中秋節。弟子準備三牲、三果或五果、清茶或酒三杯、鮮花、柚子、月餅、各式菜碗等；金紙準備壽金、刈金、土地公金。請○○○神尊來享用，等一下化金，請○○○神尊來領收，保佑代代子孫，闔家平安，身體健康，家庭美滿，事業興旺，大吉大利，以上啟稟，弟子感恩不盡。

02、「祭拜祖先」，點上兩炷清香，

口唸：
歷代祖先在上，晚輩○○○一同，在此
向歷代祖先請安問好，今日是中秋節。
晚輩準備三牲、隨意菜盤碗公湯（六、
十、十二碗）、三果或五果、清茶或酒
三杯、鮮花、柚子、月餅等；金紙準備
九金、九銀、經衣。請歷代祖先來享用，
等一下化金，請歷代祖先來領收，保佑
代代子孫，闔家平安，身體健康，家庭
美滿，事業興旺，大吉大利，以上啟稟，
晚輩感恩不盡。

03、「祭拜地基主」，香案置於門口內向屋
　　裡或是廚房面向客廳祭拜，點上三炷清
　　香，

口唸：
地基主於此良時吉日，保佑我等入住本
吉宅「住址」，全家大小出入平安、人
緣廣佈、財源廣進、鴻運昌隆。半炷香
後雙手捧金紙：敬請地基主來領收金銀

「告知何處領收」，之後迅速火化金紙
及未燃完全之香一同化之，即圓滿完成。
【報地址門牌號碼、不報人名】

開運方法：

中秋節當天是拜月、賞月、求子、求姻
緣、求財、求官等各項民俗活動的好日子，
用真心虔誠的心來祈求達成自己的願望，非
常靈驗。

01、拜月求姻緣

當天可以在陽臺或院子裡設香案，供品
準備清茶、香爐、燭臺、柚子、月餅來
敬奉「太陰星君」，祈求好姻緣快現。

02、求子

在臥室的牆壁上貼上「麒麟送子圖」、
「百子圖」或「觀音送子圖」，並前往
恭奉觀世音菩薩或註生娘娘的廟宇參

拜，準備「紅棗，花生，桂圓，瓜子」，擷取早生貴子的諧音，而且當天也是最容易且適合受孕的好日子。

03、中秋求財法

土地公是各地區的財神爺，當天前往有恭奉土地公的廟宇參拜，將十二個銅板（一元或五十元皆可），與祭品及金紙一同祭拜，最後將十二個銅板過爐之後，放在自己的皮夾或家中聚寶盆內，祈求開運招財最為靈驗。

04、求家中長輩健康長壽法

在當天下午五點～七點，準備柚子、水果、月餅，在自家頂樓點三炷香朝月亮祭拜，祈求太陰娘娘保佑家中長輩○○○身體健康。

05、中秋夫妻、情侶和合祕法

在當天準備一枝毛筆、一張紅紙,在紅紙寫上「和合」二字,將和合二字貼在床墊下(人的中間),藉由太陰娘娘的庇佑,使雙方感情由淡轉濃。

06、求官運

八月桂花香與「貴」、「發」同音意,在當天的窗前種一棵桂花,由其淡淡花香迎接帶來的貴氣;並且將三顆白柚放在臥房內或書桌上,讓學子們保持頭腦清醒,增強記憶與學習能力。

【第十七節】

九月九日：重陽節

　　農曆九月九日為重陽節，「重陽」也稱為「重九」，根據中國古老智慧易經河圖洛書將「九」訂為陽數，九月九日，九九重疊，謂之重陽，而「九九」與「久久」同音，所以有長長久久的含意，因此有長壽之意象。漢朝時期「西京雜記」載有：「漢武帝宮人賈佩蘭，九月九日配茱萸，食蓬餌，飲菊花酒，云令人長壽。」可見重陽節在漢朝時代就已經有了。

　　對臺灣而言，當天是敬老崇老的「敬老節」，期盼每位長者都能夠富貴長命。重陽節亦有登高的風俗，因此又稱為「登高節」，

在秋高氣爽時節，結伴登山，相約賞菊，吃菊花糕，飲菊花酒，可以說是意義非凡，因此重陽節又稱為「菊節」或「菊花節」。

　　「糕」與「高」同音，自古人們相信「百事皆高」的說法，所以在重陽節登高的時候吃糕，象徵步步高升。並且内政部為了弘揚「孝親敬老」的傳統美德，特別訂定重陽節為「敬老節」，當天各地都會舉辦敬老的活動，期許國人能夠飲水思源，對於慎終追遠的重視。

一、地點與時間

01、在家中擺供，祭拜神明（上午）與祖先（中午之前）。

02、是否需要祭拜地基主，端視各地習俗而異，儀式如同慶端午祭拜地基主（下午三點左右，供品置於矮桌上）。

二、備品

01、「祭拜神明」，準備三牲、三果或五果、清茶或酒三杯、鮮花、糕餅、各式菜碗等；金紙準備壽金、刈金、土地公金。

02、「祭拜祖先」，準備三牲、隨意菜盤碗公湯（六、十、十二碗）、三果或五果、清茶或酒三杯、鮮花、糕餅等；金紙準備九金、九銀、經衣。

三、參拜方式與程序

01、「祭拜神明」，點上三炷清香，

口唸：
○○○神尊在上，弟子○○○在此向
○○○神尊請安問好，今日是重陽節。
弟子準備三牲、三果或五果、清茶或酒
三杯、鮮花、糕餅、各式菜碗等；金紙
準備壽金、刈金、土地公金。請○○○
神尊來享用，等一下化金，請○○○神
尊來領收，保佑代代子孫，闔家平安，
身體健康，家庭美滿，事業興旺，大吉
大利，以上啟稟，弟子感恩不盡。

02、「祭拜祖先」，點上兩炷清香，

口唸：
歷代祖先在上，晚輩○○○一同在此向
歷代祖先請安問好，今日是重陽節。晚
輩準備三牲、隨意菜盤碗公湯（六、十、
十二碗）、三果或五果、清茶或酒三杯、
鮮花、糕餅等；金紙準備九金、九銀、
經衣。請歷代祖先來享用，等一下化金，
請歷代祖先來領收，保佑代代子孫，闔

家平安，身體健康，家庭美滿，事業興旺，大吉大利，以上啟稟，晚輩感恩不盡。

開運方法：

重陽節化煞鎮宅、趨吉避凶、避鬼降邪、開運招財的方法。

01、增強考運

在重陽節當天，吃包子與重陽糕來增加考運（包高中之意）。亦可帶三、五、七片桂花葉放入紅包內，外面寫上「桂氣高中」的字句，至文昌廟或有恭奉文昌帝君的廟宇焚香膜拜，並且在文昌爐中過香爐。

02、事業興旺

增強事業運勢，可以在重陽節當天一早

到晚上就寢這段時間，將家中電燈全部打開，藉以增強陽宅的好磁場，讓事業運勢更昌旺。

03、趨吉避凶

在當天中午取午時水來灑淨家中每一個角落（由東北方或西南方順時針方向開始做灑淨的動作），並且擦拭家中的財位，達到開運招財的效果。

04、延年益壽

九為陽數之極，九九重九，故在重陽節當天有登高的習俗，也有強健體魄的意涵，可以登高求壽。亦可喝菊花酒，延年益壽，活得更「久」之意（亦可以菊花茶代替）。

05、姻緣桃花

九月九日也是「女兒節」，可以祈求緣分長長久久。事先備妥五色線（綠色、紅色、黃色、白色、黑色），分別代表東、南、中、西、北五個方位及木、火、土、金、水五行（市面上都有在賣）。未婚男女戴上五色線（男左女右）在手腕上或腳踝上，可增加喜氣，招來好姻緣、好桃花，並且前往月老廟祈求月下老人庇佑加持。

十月十五日：下元節

　　下元節是「水官大帝」禹的生日，相傳為「禹」下凡人間巡視人間善惡，為民間消災解厄之日，當天家家戶戶都會準備香燭、祭品祭祀「水官大帝」，祈求萬事如意，順利平安，因此下元節又稱為「消災日」。

　　農曆十月十五，為中國民間傳統節日「下元節」，又稱為「下元日」或「下元」。下元節與道教息息相關，所謂：「天官賜福，地官赦罪，水官解厄」，合稱為「三官大帝」。三官大帝的聖誕分別是農曆的正月十五日「上元節」、七月十五日「中元節」與十月十五日「下元節」。

　　供奉「三官大帝」的廟宇，一般都會在

當天舉行「謝平安」的祭儀，並且烹煮鹹粥供信徒爐下享用，謂之「平安粥」，也有以演戲酬神代替，俗稱「平安戲」，或是兩者兼具，祈求吉祥如意，家庭美滿。

一、地點與時間

01、家中神像供桌或門口祭拜
　　（上午吉時）。

02、前往供奉「三官大帝」的廟宇祭拜（上午吉時）。

二、備品

01、準備三牲、清茶或酒三杯、壽桃、壽麵、
　　紅蛋、餅乾、糖果、甜湯圓等。

02、「五果」：鳳梨（好運旺旺來）、柑橘、
　　梨子（甘來）、棗子、蘋果（早平安）。

03、壽金、刈金、土地公金（福金）。

三、參拜方式與程序

01、神龕或門口安置「頂下桌」供奉，代表
　　信眾對「三官大帝」最高的敬意及禮儀。

02、所謂「頂下桌」，是在八仙桌下方以兩
　　張長條椅為墊底，使頂下桌高人一等，
　　象徵位極尊榮，這是只有「玉皇大帝」
　　與「三官大帝」獨享的宗教儀式。

03、點上三炷清香，

口唸：

「三界公祖」在上，弟子○○○（出生年月日、住址）在此恭祝「三界公祖」聖誕千秋、萬壽無疆、神威顯赫，請三界公祖庇佑全家平安順利，身體健康，家庭美滿，事業興旺，大吉大利，以上啟稟，弟子感恩不盡。

04、插上清香之後，清香、獻酒（或獻茶）到第三巡，擲筊得到「聖杯」之後，方能燒化金紙。

05、燒化接近結束之後，要進行「攦酒」的程序，表示對於神明或祖先敬酒之意。

開運方法：

善用「下元節」來開運，解除厄運，開創美好的未來。

01、道教會有相關解厄祈福的活動，在當天做法會，為民眾消災解厄，任何人皆可

自行前往祭拜,並可以在法場中祭拜「水官大帝」與自己的歷代祖先。

02、 從事與水有關的戶外活動,包括潑水、游泳(安全的地方)、穿黑色或深藍色衣服等,便能達到開運的效果。

03 「下元節」是月圓之夜,而「元」與「圓、緣」同音,可以祈求緣分長長久久。事先備妥五色線(綠色、紅色、黃色、白色、黑色),分別代表東、南、中、西、北五個方位及木、火、土、金、水五行(市面上都有在賣)。未婚男女戴上五色線(男左女右)在手腕上或腳踝上,可增加喜氣,招來好姻緣、好桃花,並且前往月老廟祈求月下老人庇佑加持。

【第十九節】

國曆十二月二十一日或
十二月二十二日：冬至

　　冬至又稱為「冬節」、「亞歲」、「新至」、「過小年」，是少數與清明節一樣以國曆訂節氣並且舉行祭祀的日子。冬至屬於二十四個節氣其中之一，因為冬至與清明一樣都沒有固定在特定一天，所以又被稱為「活節」。

　　在冬至這一天，太陽直射在南迴歸線上，故又稱為冬至線，待冬至過後，太陽漸漸向北迴歸線轉移，慢慢接近春季，於是有「冬至一陽生」的說法，表示從冬至開始，陽氣回升之意。

民間即有以冬至日天氣的好壞,來預測過年時的天氣。俗語說:「冬至黑,過年疏;冬至疏,過年黑。」表示冬至當天若沒有太陽,那麼過年一定是晴天;反之如果冬至放晴,過年天氣一定不好。

周朝時期,民間即有「冬至」日郊外祭天的活動,所以以為過年拜歲和賀冬過節並沒有分別,一直到漢武帝之後,才將正月與冬至分開,因此「過冬節」是自漢朝以後才有的習俗。

「冬至」當天除了吃湯圓之外,並且有「補冬」的習俗,許多人會吃薑母鴨、麻油雞、十全大補湯、燉羊肉等食物來進補,以利禦寒過冬,但是現在天氣多為暖冬且每個人皆有營養過剩的問題,應該盡可能適量食用,才能對身體有所助益。

一、地點與時間

01、在家中擺供,祭拜神明(上午)與祖先(中午之前)。

02、是否需要祭拜地基主,端視各地習俗而異,儀式如同慶端午祭拜地基主(下午三點左右,供品置於矮桌上)。

二、備品

01、「祭拜神明」,準備三牲、三果或五果、清茶或酒三杯、鮮花、湯圓、發粿等;金紙準備壽金、刈金、土地公金。

02、「祭拜祖先」,準備三牲、隨意菜盤碗公湯(六、十、十二碗)、三果或五果、清茶或酒三杯、鮮花、湯圓、粽子、糖果、餅乾、鹹粿或紅龜粿等;金紙準備

刈金、銀紙。

三、參拜方式與程序

01、「祭拜神明」，點上三炷清香，

口唸：
○○○神尊在上，弟子○○○在此向
○○○神尊請安問好，今日是冬至。弟
子準備三牲、三果或五果、清茶或酒三
杯、鮮花、湯圓、發粿等；金紙準備壽金、
刈金、土地公金。請○○○神尊來享用，
等一下化金，請○○○神尊來領收，保
佑代代子孫，闔家平安，身體健康，家
庭美滿，事業興旺，大吉大利，以上啟
稟，弟子感恩不盡。

02、「祭拜祖先」，點上兩炷清香，

口唸：
歷代祖先在上，晚輩○○○一同在此向
歷代祖先請安問好，今日是冬至。晚輩
準備三牲、隨意菜盤碗公湯（六、十、
十二碗）、三果或五果、清茶或酒三杯、

鮮花、湯圓、粽子、糖果、餅乾、鹹粿
或紅龜粿等;金紙準備刈金、銀紙。請
歷代祖先來享用,等一下化金,請歷代
祖先來領收,保佑代代子孫,闔家平安,
身體健康,家庭美滿,事業興旺,大吉
大利,以上啟稟,晚輩感恩不盡。

開運方法:

冬至敬神拜祖先吃湯圓,氣氛熱鬧如過
年。

01、吃湯圓求貴人運

於冬至當天早、中、晚分三次各吃下九
顆金色湯圓(白色湯圓屬金,不稱之為
【白】),即可招來貴人運。

02、湯圓求家運

將拜過的紅色小湯圓黏在大門門簷上,
至湯圓自行脫落,代表平安快樂,並且

有準備辭年的意思。

03、求子小祕方

準備五種材料（花生、南瓜子去殼、紅
棗、蓮子、麥片），加水煮沸夫妻每天
一起喝，從冬至喝到立春為止。

04、求健康

將「枸杞」放入茶壺加水煮沸，壺嘴朝
向北方，以蒸氣蒸臉，煮沸之後掀開壺
蓋，再以蒸氣蒸臉，最後將枸杞茶喝下，
象徵去除穢氣，祈求健康平安。

05、招財術

取一個圓形的盤子，內圈以六個一元銅
板圍成圓（反面朝上），外圈以十二個
五十元銅板圍成圓（正面朝上），接著
在中心點點上硃砂，平時放在太陽可直

接照射的地方，在每月的農曆十五日拿到戶外照月光，每年更換一次（汰換的銅板可放在聚寶盆、做善事等）。

十二月十六日：尾牙

　　「尾牙」是因為每月的初二、十六日家家戶戶都要做牙，二月初二是一年中第一次牙，稱為「頭牙」；而十二月十六日是一年最後一次做牙，所以稱之為「尾牙」。

　　「一年夥計酬杯酒，萬戶香煙謝土神」，這是古代詩人描述尾牙的情景，為了感謝土地公及眾神的護佑。土地公被視為「財神」與「福神」，因此「尾牙」一定要祭拜土地公，祈求事業興旺，大發利市。

　　平時不作牙的公司行號、學校、政府機關等，於此歲末年終的同時，都會辦起「尾牙宴」，宴請屬下員工。但是尾牙它也有隱

喻辭退員工的意思（筵席上將雞頭對準某人）。俗話云：「吃頭牙燃嘴鬚，吃尾牙面憂憂。」就是這個典故。

只是隨著工商制度的進步與人性化，「尾牙」的意義已經沒有雞頭對人的現象了，更多的是舉辦盛大的摸彩、演藝活動，犒賞員工一年來的辛勤與努力。

尾牙除了祭拜土地公之外，若逢節慶有祭拜地基主的家庭或公司行號，當天更要祭拜地基主感謝庇佑，事業才能順利開展。

一、地點與時間

01、在家中門口擺供，向外祭拜。但只限於頭牙及尾牙。其他作牙的日子應該去土地公廟祭拜，在家門口拜都算是「犒將」而已。

02、前往當地「土地公廟」或有奉祀「福德正神」的廟宇祭拜。

03、家中有恭奉「福德正神」，則在神桌前祭拜即可。

04、中午或午後吉時皆可。

05、是否需要祭拜地基主，端視各地習俗而異，儀式如同慶端午祭拜地基主（下午三點左右，供品置於矮桌上）。

二、備品

01、「三牲」、鮮花、清茶或酒三杯、紅湯圓三碗、紅龜粿、發粿、潤餅、餅乾、春捲、刈包等。

02、五果：橘子、蘋果、香瓜、金桔、鳳梨等。

03、壽金、刈金、土地公金、發財金、金銀元寶。

三、參拜方式與程序

01、點上三炷清香，

口唸：

福德正神、土地公在上，弟子○○○（出生年月日、住址）在此向福德正神、土地公請安問好，今日是十二月十六日尾牙，弟子誠心誠意準備三牲、水果、紅湯圓、紅龜粿、發粿、潤餅、餅乾、春捲、刈包以及壽金、刈金、土地公金、發財金、金銀元寶請福德正神、土地公來享用，等一下在門口化金，奉請福德正神、土地公來領收，祈求我們所經營的生意年年旺，金額蒸蒸日上，財源廣進，大吉大利，以上啟稟，弟子感恩不盡。

02、插上清香之後，清香、獻酒（或獻茶）到第三巡，擲筊問金紙可否進行燒化，

若得「聖杯」，則可燒化金紙，若沒有
「聖杯」，就可以問是否有事要交代或
稍候再燒化金紙。

03、燒化接近結束之後，要進行「撮酒」的
程序，表示對於神明或敬酒之意。

開運方法：

農曆十二月十六日「尾牙」與二月初
二做「頭牙」及農曆初一、十五或是初二、
十六相同，可在住家面向土地公方向或前往
你居住地的土地公廟或有奉祀土地公的廟宇
拜拜，祈求平安順利，開運招財！

並且請加唸土地真言：

「喃摩三滿多、母馱喃、唵、度魯度魯、
地尾梭哈」。

（總共要唸七遍）然後迴向給土地公伯及大眾，唸此真言對於祈福求財非常靈驗有效！

尾牙當天公司行號就會陸續舉辦尾牙饗宴，藉以犒賞員工，如上儀式在家或前往土地公廟祭拜「福德正神」，並且加唸土地真言，讓你在享受饗宴的同時更能有好的手氣，抽中特獎或頂級的獎品。

十二月二十四：送神

　　每年農曆十二月二十四日，是民間習俗的「送神日」或「送灶日」。表示這一天非常重要，家家戶戶一大清早就要準備牲、禮果品、金紙將灶君諸神「浴身」後送上天庭，接著進行清屯的動作，將神像、香爐、香案上的一切清理整齊乾淨。只是隨著時代的演進，民間「送神」的儀式已經愈來愈不重視了，一般只出現在各大廟宇裡。

　　自古傳說在除夕夜「年獸」就會傷害人畜，於是人們深怕眾神佛在除夕夜被「年獸」吃掉，所以都會在農曆十二月二十四日將神佛「浴身」送回天庭，以免受到「年獸」的

侵害，這也就是送神的由來。

　　「玉皇大帝」掌管三界天眾神佛生靈；「灶王爺」是掌管人間煙火；而眾神佛亦各有不同的職權。當我們將神佛送回天庭之時，皆是由「灶王爺」帶領前往，而眾神佛再向「玉皇大帝」稟報凡間的是非功過，也就是希望神佛在「玉皇大帝」面前說好話，得到眾神的庇佑，讓家運年年平安如意。

一、清屯的步驟與方法

01、準備兩張桌子擦拭乾淨（神明及祖先各一張），並且鋪上沒有用過而吸水性強的紙巾。

02、準備鮮花素果，點香告知神明與祖先，稟報今日要清屯，請神明及祖先暫時迴避一下，待清理完畢之後再行歸位。

03、以溫水和全新乾淨的毛刷清理神像與祖
先牌位，先從神像開始，水換過之後再
擦拭祖先牌位（不能用濕巾擦拭或用水
清洗）。

04、香灰要用小湯匙一匙一匙的盛出來過濾
乾淨（香爐忌諱用倒的，會漏財），神
桌也都要整理乾淨。

05、用七張「壽金」點燃後，在香爐四周做
淨化的動作，即將化盡之後放入香爐內，
再把香灰放進去（使用細網篩香灰），
稱之為「小出大進」，先清神明爐，再
處理祖先爐。

06、神像與神明爐先歸位，再將祖先牌位與
公媽爐就定位。

07、將香灰抹平，象徵平安圓滿，香灰鬆賺

錢就輕鬆。

08、最後就是要檢查香案的電線是否安全無虞。

二、地點與時間

01、廚房拜「灶神」（早上愈早愈好）。

02、在家中擺供，祭拜神明（上午）。

三、備品

01、「祭拜灶神」，準備三果或五果、清茶或酒三杯、鮮花、湯圓、餅乾、糖果等；金紙準備天金、壽金、刈金、土地公金。

02、「祭拜神明」，準備三果或五果、清茶或酒三杯、鮮花、湯圓、餅乾、糖果等；金紙準備天金、壽金、土地公金。

四、參拜方式與程序

01、「絮拜灶神」，點上三炷清香，

口唸：
灶王爺在上，弟子○○○在此向灶王爺
請安問好，今日是十二月二十四日送神
的日子。弟子○○○誠心誠意準備三果
或五果、清茶或酒三杯、鮮花、湯圓、
餅乾、糖果等；金紙準備天金、壽金、
刈金、土地公金。請灶王爺來享用，等
一下化金，請灶王爺來領收，恭送灶王
爺早早到天庭坐好位，為弟子全家說好
話，賜財添福，平安順利，以上啟稟，
弟子感恩不盡。

02、「絮拜神明」，點上三炷清香，

口唸：
○○○神尊在上，弟子○○○在此向
○○○神尊請安問好，今日是十二月
二十四日送神的日子。弟子○○○誠心
誠意準備三果或五果、清茶或酒三杯、
鮮花、湯圓、餅乾、糖果等；金紙準備
天金、壽金、土地公金。請○○○神尊

來享用，等一下化金，請來領收，恭送
○○○神尊早早到天庭坐好位，為弟子
全家說好話，賜財添福，平安順利，以
上啟稟，弟子感恩不盡。

開運方法：

「鹽」等於緣，它除了可以增加好人緣
之外，對於考試運也有莫大的幫助。每當考
季來臨時，各地文昌廟香火鼎盛莫非是想求
得金榜題名，而乾坤開運粗鹽能去除厄運，
改善磁場，是老祖宗們流傳至今的開運方法。

01、用小絨布袋裝 3 公克粗鹽晶隨身攜帶，
　　可去除厄運增加好人緣，大人、小孩皆
　　可使用，效果奇佳。

02、用開運粗鹽灑淨屋內一圈，由順時鐘開
　　始灑淨（西南方或東北方開始），約三
　　個月做一次，身體不佳、財運不順者可

漸漸獲得改善。

03、在房子四個角落與大門玄關處、廚房乾燥處、廁所乾燥處，各放一杯粗鹽晶（都不能加蓋），以上七個位置是房子最容易卡晦氣之處，經鹽晶淨化就可消除，記得一個月需更換一次，才能保持最佳淨化除穢的功效。

04、購買新車或定期約半年時，將 50 公克粗鹽晶放置於車輪下方，然後將車子駛過，即可達到淨化的效果，永保行車平安。

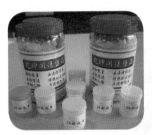

乾坤開運粗鹽組

十二月底：除夕

　　除夕原意有「舊歲到此夕而去」的意思，呂氏春秋當中記載古人在大年初一的前一天，都會擊鼓驅逐「疫病之鬼」，這就是最早除夕的由來。

　　如今人們都將每年農曆最後一天的夜晚，稱之為「除夕」，並且是增長一歲之日（虛歲），為了迎接新的一年，家家戶戶都會圍爐團圓，徹夜守歲，辭舊迎新，祈求新的一年能夠闔家平安，財源廣進，而沿襲至今的習俗，即是所謂除夕的「守歲」之意。

　　除夕一早準備鮮花、素果祭拜玉皇大帝，感謝一年來的庇佑，祈求新的一年能夠平安

順利。午後要準備牲禮、菜碗、粿類祭祀神明與祖先。接著貼上春聯，以及用紅紙寫著，如「春」、「福」、「恭喜發財」、「招財進寶」、「滿」、「五穀豐收」、「山珍海味」、「六畜興旺」、「日日有見財」、「財源廣進」等吉祥話語。

當然除夕最重要的是全家一起吃年夜飯，俗稱「圍爐」。圍爐時必須要準備的菜，如菜頭（好彩頭）、長年菜（長壽）、魚丸、肉丸和蝦丸（三元及第）、魚（年年有餘），慢慢享用，表示長長久久，而所有菜當中，唯有魚要吃剩，表示生活永遠不虞匱乏。接著就是小朋友最喜歡的發送「壓歲錢」，取其長命百歲之意，全家促膝長談至午夜子時（晚上 12 點左右，為父母祈求長壽），鳴放爆竹，迎接嶄新的一年。

一、地點與時間

01、在家中擺供，祭拜神明與祖先（中午過後）。

02、是否需要祭拜地基主，端視各地習俗而異，儀式如同慶端午祭拜地基主（下午三點左右，供品置於矮桌上）。

二、備品

01、「祭拜神明」：準備三牲、三果或五果、
清茶或酒三杯、鮮花、紅湯圓、年糕、
餅乾、糖果等；金紙準備天金、壽金、
刈金、土地公金。

02、「祭拜祖先」：準備隨意菜盤碗公湯（六、
十、十二碗）、三果或五果、清茶或酒
三杯、鮮花、紅湯圓等；金紙準備刈金、
銀紙。

三、參拜方式與程序

01、「祭拜神明」：點上三炷清香，

> 口唸：
> ○○○神尊在上，弟子○○○在此向
> ○○○神尊請安問好，今日是除夕。弟
> 子準備三牲、三果或五果、清茶或酒三
> 杯、鮮花、紅湯圓、年糕、餅乾、糖果等；

金紙準備天金、壽金、刈金、土地公金。
請○○○神尊來享用，等一下化金，請
○○○神尊來領收，保佑代代子孫，闔
家平安，身體健康，家庭美滿，事業興
旺，大吉大利，以上啟稟，弟子感恩不
盡。

02、「祭拜祖先」：點上兩炷清香，

口唸：
歷代祖先在上，晚輩○○○一同在此向
歷代祖先請安問好，今日是除夕。晚輩
準備隨意菜盤碗公湯（六、十、十二
碗）、三果或五果、清茶或酒三杯、鮮
花、紅湯圓等；金紙準備刈金、銀紙。
請歷代祖先來享用，等一下化金，請歷
代祖先來領收，保佑代代子孫，闔家平
安，身體健康，家庭美滿，事業興
旺，大吉大利，以上啟稟，晚輩感恩不盡。

開運方法：

農曆十二月的最後一天，俗稱「晦日」，

傳統中有「送窮」的習俗。可以選擇在除夕當天的清晨或晚上，將家中打掃一番，然後把垃圾帶到田野、路口、河邊去焚燒。焚燒前可在旁邊點上香燭，燃燒金、銀紙，並在焚燒時祈禱，口唸「窮鬼去，福星來」。

現代人不方便焚燒，也要當天丟棄，不可讓垃圾在家中過夜。回家後可在屋外放鞭炮，於屋內焚燒開運招財鎮宅化煞香（綜合木香、丁香、茴香、沉香、檀香），並全家一起喝枸杞菊花茶、桂圓茶來祈福，便完成送窮、迎富的儀式了！

第七章

特別節日
拜出好運來

如何選天赦日來拜拜

方法一：

天赦日	【寅卯辰月、戊寅日】 【巳午未月、甲午日】 【申酉戌月、戊申日】 【亥子丑月、甲子日】

可參考通書或農民曆，上面皆有清楚記載此日為天赦日。

地點：奉「玉皇大帝」之廟宇。

時間：午之前完成。

貢品：燭一對、鮮花一對、五果一份。

紙錢：頂級金、太極金、天金、尺金、壽生錢、補運錢十二支。

弟子○○○（出生年月日、住址），今

日吉日良辰，誠心誠意準備（上述貢品）誠心祈求，「玉皇上帝」開赦天恩，賜予弟子，四時無災、八節有慶、事業興旺、財源廣進，祈祝本宮廟香火旺盛，玉皇大帝神威顯赫。

方法二：

破瓦重生、大增財氣。

用紅色瓦片七個，在紅瓦片上面擺置淨香末，瓦片以北斗七星圖方式排列。

男生先左腳踏出，將瓦片踏碎，然後右腳併靠之，依序 1-7（如圖）。

女生先右腳踏出，將瓦片踏碎，然後左腳併靠之，依序 1-7（如圖）。

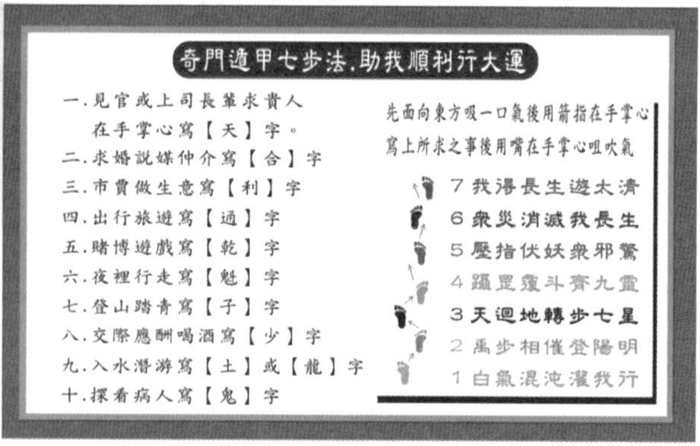
奇門遁甲七步法.助我順利行大運
一.見官或上司長輩求貴人
在手掌心寫【天】字。
二.求婚說媒仲介寫【合】字
三.市賈做生意寫【利】字
四.出行旅遊寫【通】字
五.賭博遊戲寫【乾】字
六.夜裡行走寫【魁】字
七.登山踏青寫【子】字
八.交際應酬喝酒寫【少】字
九.入水潛游寫【土】或【龍】字
十.探看病人寫【鬼】字
先面向東方吸一口氣後用箭指在手掌心
寫上所求之事後用嘴在手掌心吅吹氣
7 我得長生遊太清
6 衆災消滅我長生
5 壓指伏妖衆邪驚
4 躡罡覆斗齊九靈
3 天迴地轉步七星
2 禹步相催登陽明
1 白氣混沌灌我行

儀式完成之後，將瓦片掃淨用紅紙包好（垃圾車回收即可）。

地點可在自家騎樓下或附近空礦處。

方法三：

前往廟宇祈求聖茶，左手摸獅頭，右手摸獅口。

當天可至香火鼎盛或自己常去的宮廟，在廟宇兩側石獅前，左手摸獅，右手摸獅口

內的靈珠,再至天公爐右繞三圈除穢氣,再
左繞三圈迎福氣,最後再求取神佛前聖茶三
杯回家。

此 3 杯聖茶配合龍眼乾七粒、紅棗七粒、
黑棗七粒,加水二或三碗用小火熬煮剩八分,
待涼後飲之,飲聖茶之前可誠心誦唸心經或
自己修持之心咒三次。

PS:若當日與本命有沖殺,請另擇他日
(沖殺現象請參閱第一章第一節擇日須知)。

如何選開天門來拜拜

在民俗信仰節日上，開天門日可以向「玉
皇大帝」祈求心願。開天門的日子有兩種說
法，可同時祈福或擇一為用：

01、農曆六月六日子時。

02、農曆十二月二十五日子時。

方法一：七菊化煞法

當日用七朵菊花（顏色不拘）、七粒米，
用水洗身，可化解一切無形的糾纏。

方法二：植物開運法

01、開運：放對位置的植物，能帶來蓬勃朝氣，綠意盎然能夠使人心情放鬆。身心寧靜，就容易拋開煩惱，運勢自然就會往上提升。

02、開運解厄：美麗的花草可以解除心中長期累積的怨懟憤恨，進而開展人際關係的和諧，避免不必要的衝突與意外。又以明亮的燈光照射，就能夠化盡衰氣而帶來好運。

03、健康：花朵的芬芳、綠葉吐氧納穢的功能，對人體健康很有助益，可以提升生命力。

| 菊花 | 菊花有延年益壽、增加福分的象徵，有助於氣磁場的穩定。 |
| 金桔 | 金桔金澄澄的模樣，有金銀財寶的涵義，對增加財源頗有幫助。 |

水仙花	避邪除穢、帶來吉祥如意,同時也可招財。
富貴竹	又稱「萬年竹」、「萬年青」,有招財意涵,廣受歡迎的搖錢樹象徵。
蘭花	聚合人氣、掌握權力,也可拓展人際關係。如發財樹、轉運竹皆是。

民間傳說在農曆二月初二當天,是天上主管雲雨龍王抬頭的日子;從此以後,雨水會逐漸增多,也稱「錢龍吐水」。

04、時間:農曆二月初一晚上十一點過後至凌晨一點之間。

05、準備物品:磁碗一個、乾隆通寶一個、白色水晶球一顆。

在農曆初一晚上子時,將錢幣放入碗中(乾隆)朝上,水晶球壓在錢幣上;再

將瓷碗拿至廚房的水龍頭裝水約七分滿；最後將此碗錢水放於財位上，要隨時添水，不要使其乾涸。

PS：在接水心中要默唸

感謝龍王、福德正神賜我財水四方來，感恩。

第八章

觀念轉一轉，
好運跟著來

【第一節】
臥香—煙供開運法

上供諸佛菩薩 · 下施六道眾生

「煙供」是聚集福德最快速有效的方式，可促進財運、增強桃花、驅除病晦、除障佈施、鎮宅化煞。

現代人工作辛苦，壓力繁重，最需要的就是解脫煩惱，心中歡喜。運用藏傳佛教中的臥香煙供修習法為吉祥緣起，藉由燻煙的香氣，恭請供養諸佛菩薩，令其歡悅而賜加持，匯集源源不絕的諸佛護持能量，淨息所知煩惱障，遠離災害，得健康、長壽、提升運氣，並能累積福慧資糧。

煙供意義：

佛法的修行，無非是透過外在形式及種種修習，用來啟發內在每個人本身就俱足的佛性，而「煙供」就是聚集福德資糧最快速有效方式。經由煙供的上供下施，能為自己、為他人、為六道眾生、為冤親債主消障祈福，且能自利利他，是極方便又有益的殊聖法門，也能對我們在此世間的生活需求、事業成功有所助益。

煙供的對象與目的：

上供：供養諸佛菩薩，累積福慧資糧。

時間：一般在早上修，日出至中午十二點之前。

下施：報答祖先、父母養育之恩，佈施累世冤親債主，增進宇宙之間祥和之氣。

時間：一般在傍晚五點之後，因為有些眾生

在傍晚過後才活動。

促進財運	煙供時臥香正對自己,讓煙霧環身,香氣滿溢,轉運招財。
增強桃花	將鍾愛對象姓名、生辰書於紅紙上,煙供時將紅紙置於金猊爐下。
驅除病晦	剪下病人舊衣角,寫上病人姓名,煙供時將衣角置於金猊爐下。
除障佈施	將臥香爐置於窗門邊進行煙供,讓燻煙香氣傳至屋外,淨息諸障遠離災害。
鎮宅化煞	平日將臥香爐置放入門對角處,護佑家宅,永保安康。

儀軌:

清淨咒	讓木、樣木、康木。(七遍)
加持咒	唵、阿、吽。(七遍)
增長咒	唵嘛呢叭咪吽。(七遍)
迴向文	願此殊勝功德,迴向法界有情,盡除一切罪障,共成無上菩提。

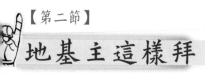

【第二節】

地基主這樣拜

可用這種方法來開運

　　逢年過節或是想要賣房子、出租房子的時候，可以拜地基主，祈求地基主的幫忙。如果能這樣做幫助最大。

方向：向廚房爐火方向拜，人面朝爐火站立。

時間：未時至申時（下午一點至五點）。

持咒：拜拜的時候，可以持「往生咒」迴向。

　　　首先持「安土地真言」呼請地基主，並告知今日感謝地基主對家中大小之照顧，故持「往生咒」迴向。

迴向：持誦往生咒之後，再唸迴向文【願以此持誦○遍往生咒之功德，迴向西方

極樂世界阿彌陀佛，祈求加持（地址）
之地基主增長神力】。

恭錄「安土地真言」與「往生咒」：

安土地真言：
「喃摩三滿多、母馱喃、唵、度魯度魯、
地尾梭哈。」

往生咒：
南無阿彌多婆夜。哆他伽多夜。哆地夜
他。阿彌利都婆毗。阿彌利多。悉耽婆
毗。阿彌利多。毗伽藍地。阿彌利多。
毗伽藍多。伽彌利。伽伽那。枳多伽利。
梭哈。

【第三節】

灶神君這樣拜

可用這種方法來開運

除了逢年過節、送神之外，新屋落成或喬遷新居當天，還有更換新的瓦斯爐等，都要祭拜灶神。只要家裡有廚房，即使不開伙也要祭拜灶神，這是對灶神君的禮敬，會有善緣上的加持。

如果能這樣做幫助最大

祭拜時辰：未時至申時

　　　　　（下午一點至五點）。

供品：水果或糕餅等皆可。

祭拜程序：

第一步：上供品。

第二步：獻茶或酒三杯。

第三步：焚香祈求灶神保佑。

第四步：香燒至二分之一時，雙手捧金紙，口中並唸「弟子燒化金錢，請派員納受」，然後燒化三色金（壽金、刈金、福金）。

第五步：將茶或酒三杯，以順時鐘的方向，呈一圓形，灑於金爐旁（撇酒）。

福德正神這樣拜

可用這種方法來開運

　　除了求財之外，想要治療皮膚病，也可以持安土地真言，祈求福德正神的幫忙。最好先為祂造福，再請佛菩薩加持祂們，這才是祂們最喜歡的。

如果能這樣做幫助最大

第一步：準備供品與金紙。

第二步：準備現金（金額自己決定），置福
　　　　德正神案桌上，並唸祝禱詞：弟子
　　　　○○○感念福德正神慈悲護佑，特
　　　　準備供品，且預計將此現金（做什
　　　　麼善事）並將此功德迴向給（福德

正神所在地之地址）之福德正神，
祈求福德正神慈悲加持弟子（祈求
事項）後持誦。

安土地真言：
「喃摩三滿多、母馱喃、唵、度魯度魯、
地尾梭哈。」

第三步：上完香後，等香燃過一半，燒化紙
　　　　錢。

第四步：將案桌上的現金，依所發的願行事。

第五步：行善後，將收據攜至福德正神前，
　　　　在收據背面左邊寫：弟子○○○將
　　　　此佈施功德迴向十方法界諸佛菩
　　　　薩，祈求加持（福德正神所在地之
　　　　地址）之福德正神，令神力增長、
　　　　果位高升。在收據右邊寫上：祈請
　　　　福德正神慈悲加持○○○，以及欲
　　　　祈求之事項。

【第五節】
地藏王菩薩求願法

可用這種方法來開運

　　地藏菩薩在六道中均有化現，百千萬億
等願，百千萬億等事，都可以向地藏王菩薩
祈求，而且是「千處祈求千處現」。

如果能這樣做幫助最大

時間：寅時至卯時

　　（清晨三點至七點）。

設壇：面向南方，設香案，如果有地藏王菩
　　　薩的法相更好。

供品：準備十二供，全部都必須為「素食」。

祈願：點燈或點蠟燭，點三炷香，奉請南無
　　　大願地藏王菩薩，並且用紅線綁十二

炷未點燃的香（一尺六長），面對南方祈求，在這時間內可以加誦《本願經》更好。儀式完成後，將此十二炷香連同金紙一同化掉。

過香爐開運化煞

可用這種方法來開運

廟裡的大香爐是最聚氣之處，是天、地、人合一的地方，有強大的磁場聚集。無論是想要強化磁場還是化除煞氣，都可以將欲加持之物拿來過香爐。若有隨身配戴的護身符牌，每隔半個月也可過香爐以強化磁場。

如果能這樣做幫助最大

第一招：首先逆時針轉三圈，淨化不好的磁場；接著再順時針轉三圈，可以充電與強化磁場。

第二招：將衣服等貼身衣物拿來過香爐，如果要求「賜福」，則過主尊前的香

爐，如果求「化煞」則過天公爐。

第三招：要求什麼事情，就過那尊神明前的香爐。如求考試順利，則過該廟文昌帝君殿前的香爐祈求加持。

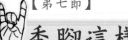

【第七節】

香腳這樣用可過運

可用這種方法來開運

當感覺諸事不順、參加白事、出意外（如出車禍）、心神不寧、做噩夢、常常拉肚子、受到驚嚇、夜夢被阿飄追、被阿飄壓或是常常夢到有人往生等等，都可以請香腳回去「清一清」。

如果能這樣做幫助最大

第一步：向道場的佛菩薩稟報，最近不順（或
　　　　其他事）求菩薩加持，因此欲請三
　　　　炷香腳回家清淨。

第二步：準備陰陽水，即一半熱水一半冷水。

第三步：將三炷香腳放在陰陽水中，如果有

267

桶子，就整個淋在身上，把不好的
運都清掉。

第四步：使用後的三炷香腳，直接丟掉即可。

心想事成祈福法

　　禮請觀音菩薩守護「祈福開運祈禱文」，先供「觀音靈感香」（點燃備香，將觀想達成之人、事、物備妥，待心神氣定之後，開始唸誦以下的祈禱文）。

（姓名）實相完全圓滿

○○○（姓名）與大宇宙之本體和觀音本尊是合一的，時時刻刻被全能的力量及觀音菩薩守護著、珍愛著、引導著。在○○○的裡面，蘊藏著無限的宇宙力量和泉源，隨時能夠湧出無限的愛、無限的智慧、無限的生命、無限的潛能；這股存在於○○○裡面的偉大力量，引導○○○自信而穩定地邁步前進，得到

健康的成長。

因為○○○擁有無限的智慧及圓滿的實相。所以無論在任何情況下，我們都會活得很好，而且是愈來愈好。感謝！感謝！再感謝！

○○○心靈深處無限的力量，請湧出來吧！無限的光明，請湧出來吧！無限的潛能，請湧出來吧！無限的健康，請湧出來吧！無限的慈愛，請湧出來吧！無限的創造力，請湧出來吧！

現在：

無限的力量已經充滿○○○的身心靈。

無限的光明已經充滿○○○的身心靈。

無限的潛能已經充滿○○○的身心靈。

無限的智慧已經充滿○○○的身心靈。

無限的健康已經充滿○○○的身心靈。

無限的慈愛已經充滿○○○的身心靈。

無限的平安已經充滿○○○的身心靈。

感恩！感恩！再感恩！

感謝○○○承受宇宙豐富的恩惠，以及大慈大悲救苦救難，廣大靈感觀世音菩

薩護念加持。感恩無盡！

唵嘛呢叭咪吽 · 唵嘛呢叭咪吽 ·
唵嘛呢叭咪吽 · 唵嘛呢叭咪吽 ·
（108遍或千遍均可）。

此法為新竹胡九蟬大師提供，感謝！

PS：以下就依個人想要達成的願望

（1～6）在唸佛咒的時候，觀想這佛光
普照能夠照滿當事人的全身，讓當事人能夠
完全融入於這宇宙的安惠跟佛光當中，由頭
到腳照滿他的五臟六腑，讓他全身的每一個
細胞發光發亮。

01、如果你想─病痛消除

（觀想或唸出來均可）

如果是要自我消除病痛，那觀想的人就
是自己；如果對象是別人，那觀想的就
是那個人。

如果你要為病人加持，讓他的腫瘤細胞都能夠得到加持灌頂發光發亮，讓他的肝癌、讓他的肝病、讓他的心臟病、讓他的胃病、讓他的胃癌，讓他身上所有的疾病都得到加持的力量，得到祝福的力量，（腦中開始觀想）身上所有的病都痊癒了，而且生活得很快樂，那你就開始唸：

> 邊想邊唸以下的六字大明咒 108 遍以上
> 唵嘛呢叭咪吽　‧　唵嘛呢叭咪吽　‧
> 唵嘛呢叭咪吽　‧　唵嘛呢叭咪吽　‧

蓮花手印

02、如果你想—買賣求財運

（觀想或唸出來均可）

這個想像是不管你從事任何工作或買賣都可以用，如果你目前是從事房屋仲介，你想祈福手中案件（房子）能趕快賣掉或能盡快買到房子或要讓手中的工作、生意順利，要讓心中的願望能盡快實現等等。都可以從觀想之中得到守護，用這樣的方法，讓心中的願望得到非常奇妙的恩典，那你就開始唸：

> 邊想邊唸以下的六字大明咒 108 遍以上
> 唵嘛呢叭咪吽 · 唵嘛呢叭咪吽 ·
> 唵嘛呢叭咪吽 · 唵嘛呢叭咪吽 ·

03、如果你想—升官

（觀想或唸出來均可）

如果是要自我升官，那觀想的人就是自

己；如果對象是別人，那觀想的就是那
個人。

如果你很想升官當然就要為自己加持，
讓自己全身都能夠得到加持灌頂發光發亮，
得到祝福的力量，（腦中開始觀想）已經晉
升到理想的職位了，那你就開始唸：

> 邊想邊唸以下的六字大明咒 108 遍以上
> 唵嘛呢叭咪吽 ‧ 唵嘛呢叭咪吽 ‧
> 唵嘛呢叭咪吽 ‧ 唵嘛呢叭咪吽 ‧

04、如果你想─自我排除煩惱

（觀想或唸出來均可）

如果是要自我排除煩惱，那觀想的人就
是自己；如果對象是別人，那觀想的就
是那個人。

如果你很煩，很傷心，很恐懼，很悲觀，
滿腦子都是負面想法的人，當然就要為

自己加持，讓自己全身都能夠得到加持
灌頂發光發亮，得到祝福的力量。（腦
中開始觀想）我目前生活得非常快樂，
一切都非常順利，所有的事都能得到解
決，一切都很感恩，那你就開始唸：

> 邊想邊唸以下的六字大明咒 108 遍以上
> 唵嘛呢叭咪吽 · 唵嘛呢叭咪吽 ·
> 唵嘛呢叭咪吽 · 唵嘛呢叭咪吽 ·

05、如果你想─考試運增強、文憑

（觀想或唸出來均可）

如果是要自我祈求考試順利，那觀想的
人就是自己；如果對象是別人，那觀想
的就是那個人。

如果你要為自己加持，讓自己在這次考
試中能夠考得很好且得到加持灌頂發光
發亮，讓所有的好運都降臨，且全身上
下都能得到加持的力量，得到祝福的力

量。（腦中開始觀想）這次考試已高中
理想的目標，一切都很感恩，那你就開
始唸：

邊想邊唸以下的六字大明咒 108 遍以上
唵嘛呢叭咪吽　‧　唵嘛呢叭咪吽　‧
唵嘛呢叭咪吽　‧　唵嘛呢叭咪吽　‧

06、如果你想求—愛情、桃花

（觀想或唸出來均可）

如果是要自我祈求愛情、桃花，那觀想
的人就是自己；如果對象是別人，那觀
想的就是那個人。

如果你要為自己加持，讓自己能夠愛情、
姻緣桃花都得意且能夠得到加持灌頂發
光發亮，讓所有的好運都降臨，且全身
上下都能得到加持的力量，得到祝福的
力量。（腦中開始觀想）愛情、姻緣桃
花、理想的目標都出現，那你就開始唸：

邊想邊唸以下的六字大明咒 108 遍以上
唵嘛呢叭咪吽 ‧ 唵嘛呢叭咪吽 ‧
唵嘛呢叭咪吽 ‧ 唵嘛呢叭咪吽 ‧

　　這篇「祈福開運祈禱文」若你能常常讚
頌（每次約 10 分鐘），每天讚頌一次至三
次想實現的願望，至少要頌完二十一次以上
（天），最好完成四十九次（天），應驗的
效果最佳。

　　祝福你！感恩！感恩！再感恩！感謝！
感謝！再感謝！

人人必知的搬家步驟與風俗規矩

一、搬家的八大步驟

01、先選擇良辰吉日

選定中意的房子後如果想搬家，先別急著搬進去，先選定一個良辰吉日再進行搬遷。如何選日子？應該把要住進房子的全家人生辰八字，拿來對照農民曆或請老師幫忙挑日子最好，至少比較心安。

02、準備七寶及家常用品

在選定良辰吉日後，接下來必須準備「七寶」。何謂七寶？就是柴、米、油、鹽、醬、醋、茶，這七寶代表著吉祥物，以

及新碗、筷子、掃把、畚斗以紅紙貼上連同新衣物要一同搬入新家，這代表敬告屋內鬼神，表示有人要搬進房子，請鬼魅盡快離開。七寶每樣只要準備一小包，並在七寶上各貼一張五十元銅幣大小的紅紙，在良辰吉日當天拿進屋內，並擺放在客廳茶几上或廚房裡即可。

03、可進行搬東西

在選定良辰吉日，萬事俱備之後，就可以開始動手搬家囉！過程中一定要保持愉快的心情，不能動怒尤其不能罵三字經，否則會使家中的鬼神誤以為在罵它們。剛參加過別人喪禮時一星期內不要搬家，如家中有孕婦，最好在三天之內搬完所有的家具，以免動到胎氣得不償失，搬動前用新掃把揮掃家具以及牆壁

及地板。

另必須準備一些硬幣，於良辰一到，到
大門口踩進家門時，口唸：雙腳踏入來，
富貴帶進來，然後將硬幣撒在地上，口
唸：滿地黃金：財源廣進，錢財滿大廳，
然後將先前所準備的七寶及一些物品歸
定位。然後再開始搬舊家具等等。

04、拜門神

東西搬完後，進門第一件事就是先拜門
神，首先買兩張新的門神貼紙，貼在門
上，表示這一戶人家有門神看守，髒東
西不容易進來，拜門神時，心中要有誠
意，默唸：「請門神保佑全家人平安順
利」即可。

05、安神

安神算是一項很重要且專業的事情，最

好請專業的老師來安座最佳，祭祀時以一般三牲、素果即可，講究一點的，可準備紅龜、壽桃、紅圓各十二個，壽麵十五包，五果、有殼花生、龍眼乾各一碗，紅豆、綠豆、黑豆、花豆、黃豆各一碗，請祖先保佑家中平安。

06、拜地基主

在風水學中，廚房管女人的財庫，客廳管男人的顏面，主人想順順利利生活不受三度空間無形干擾，就不能忽略了這個步驟。請準備白飯、青菜各一碗，雞腿一隻，福金、刈金各一，放在廚房或大門口朝內拜，當有了地基主的保佑，保證小孩聽話，婆媳合睦，夫妻百年好合，信則靈。

07、安床

（可在搬入之前進行或當日均可）

安床是搬家必做的動作，安床日最好也請老師擇日安放，最好等時辰一到再將床推正，首先要準備十個十元硬幣，用鹽水洗過一遍，擦乾。安床時，將十個硬幣握在手中，雙手合十，口中唸著「床母請保護我」，再將手攤開，將十個平均分配在左右手上，即一邊五個，然後口中唸著「十全十美」，並將硬幣撒到床底下，就完成了安床的步驟。

08、圍爐

搬新家是一件值得慶祝的喜事，相信很多人都會請親朋好友來家中聚一聚，必備要件是要準備好一個小火爐或用電磁爐煮開水或用鍋子在廚房煮湯圓請親朋

好友，代表發財、團圓、吉祥意味。

搬入當天若無法完全居住於新家，則宜於夜晚將燈光全部打開至次日，以便讓旺氣持續到天明。

二、搬家的風俗規矩

01、不可空手入屋

搬家當天，第一次走進去的時候，手上一定要拿一些貴重的東西。拿著米桶、存款簿或裝有 138 元（一生發）、168 元（一路發）、228 元（涼涼發）的紅包，也就是第一次走進新屋時，不可以空手走進去。表示這家裡未來會很充實，財富越來越多的意思。

02、入宅後不再修造施工

還沒搬家前，可以盡量去隔間、敲敲打

打，什麼地方要做都可以。入宅搬入新
居之後，盡量就不要再修造施工了，搬
東西可以，如果要再做的話，就一定要
擇日。

03、家有孕婦不搬家

家有孕婦一定要搬家的話，可以請孕婦
先回娘家住一陣子，等搬好之後才入新
居，孕婦千萬不要參加搬家的整個過程。

04、要擇吉日

時間一定要在中午之前擇吉日入宅搬
家，更要注意不要沖剋到房子的方位與
家中的成員。搬家時間要在中午之前，
因為中午以前叫做陽，中午以後就叫做
陰。

05、新屋要「火菴」

搬進去之前的前三天，新家的燈要全部打亮，亮三天三夜，亮到你第三天搬進去，這叫「火菴」。三夜的意思是，旺氣亮三天讓家裡開始興旺。一方面空氣就開始流通，不好的也請它走開。「火菴」原本是指在蓋房子前，在尚未動土的土地上做些火燒的類似儀式。如果我們是買建築公司的房子，就不知道對方當時是如何做「火菴」，所以才會用上述方法。

06、當天或事後請客

入厝當天請客，如果當天太忙可事後選個日子請客；或是搬了新家之後，常常請好朋友來泡茶聊天都可以，讓家裡的人氣與財氣愈來愈旺。

07、搬家時要親自在場

主人要親自在場,不要只是委託他人幫忙搬家。

08、當天開火煮湯圓或甜茶

搬家那天一定要開伙,不要冷灶;可以煮些甜的東西,像甜湯圓或甜茶等。

PS:入宅安香屬於非常專業的領域範疇,建議委請老師施作行道科法為宜。

訂婚古例與現例

一、訂婚流程古例

通常「訂婚」著重女方的禮俗,「結婚」著重男方的禮俗,現代大多由男女雙方協商合意即可。以下為一般禮俗,可視實際需要或地方習俗,酌情增加或省略。

01、訂婚當天,男方將「行聘禮品」以二、六或十二個紅木盒盛裝,人數六、十或十二人,於車隊裝載完畢後,鳴炮出發赴女方家。

02、男方車隊至女方家前約一百公尺處鳴炮,女方亦鳴炮回應。

03、媒人先行下車，其餘接著陸續下車，準新郎最後，由女方幼輩（男）開車門請出並端洗臉水讓準新郎洗手、擦臉，準新郎給該幼輩紅包禮。

04、男方人員將行聘禮品（紅木盒）交給女方抬禮品人員。

05、男方親友依序進入女方家。女方長輩招呼男方親友依長幼入座，準新郎居末座。

06、坐定後，媒人正式介紹雙方親友，先介紹男方親友給女方（準新郎最後介紹），再介紹女方親友給男方。

07、禮品陳列就緒後，媒人居中將大小聘、金飾、禮品點交給女方家長。

08、女方親友將禮品收好，並在神案桌上陳

列祭品，準備祭拜女方祖先。

09、準新娘雙手捧茶盤（上置甜茶若干杯，視男方人數而定），由好命（有福氣）的婦人（或女方女長輩）攙扶出堂，向男方親友（由長而幼，準新郎最後）一一敬茶後退堂（出堂和退堂時向男方親友一鞠躬）。

10、男方親友將甜茶喝完，並將紅包置入杯中。準新娘出堂收茶杯（過程和敬茶同）。

11、奉茶完畢，接著進行「戴訂婚戒指」（掛手指），將金、銅戒指以紅線相繫，取夫婦同體同心之意或以鑽戒代替。

12、女方準備高椅、矮椅各一把。準新娘入座，臉朝客廳大門，向外而坐，兩腳踏

在矮椅上。準新郎站在準新娘右邊，面對準新娘。準新娘伸出右手，準新郎右手拿戒指，套入準新娘右手中指（套入前應配合拍照者）。

13、準新郎伸出左手，準新娘右手拿戒指，套入準新郎左手中指（套入前應配合拍照者），準新郎將紅包禮交給準新娘。

14、戴完訂婚戒指後「改換稱呼」，媒人帶著準新郎，對女方之長輩、父母、親友依序改口，一一稱呼過一次；準新娘對男方之長輩、父母、親友依序改口，一一稱呼過一次。

15、請準新娘之母舅「點燭燃香」，女方要給母舅點燭禮。

16、女方父母及準新人祭拜祖先。

17、女方將行聘禮品退還部分，連同回贈禮
　　品裝入紅木盒，交給男方親友裝載上車。

18、訂婚儀式完畢，女方端出湯圓或點心招
　　待男方親友，之後在家備席招待男方或
　　餐廳用餐皆可。

二、訂婚流程現例

01、男方出發之前先祭祖，祈求婚姻美滿幸
　　福（需備鮮花水果）。

02、前往女方家，送聘人數及禮車數為雙數，
　　但避免四或八（但是現今社會使用三臺
　　禮車的已經很多）。

03、男方納聘車隊到達女方家前一百公尺之
　　處，需燃炮告知已到達，女方亦需燃放
　　一串鞭炮，表示歡迎與迎接之意。

04、男方親友進入女方家，媒人正式介紹雙方親友，先介紹男方再介紹女方。

05、男方親友扛聘禮（內裝十二禮），進入女方家，女方也回送十二禮及回男方送來的「香炮燭、四色糖或六色糖、喜餅雙數、結婚證書各回一分」。丈人菸及檳榔不能回（有悔婚、退婚之意），賞紅包（貢官禮）。並將聘禮一一陳列。媒人將大小聘、金飾等禮數，點交給女方家長，女方親友將聘禮收好，並在神明桌上陳列供品。

06、戴戒指需用紅線繫著，表示永結同心。

07、新娘坐高椅，腳踩小竹椅上（表示命好），面朝外（表示嫁出去），準婆婆替新娘戴上項鍊（表示見面禮）。

08、新娘的舅舅點燃香燭，男方要給母舅「點
　　燭禮」，女方父母及準新人一同祭拜祖
　　先神明，告知婚事已成，祈求保佑平安
　　快樂幸福。香插入香爐時，要一次插定，
　　不可重插 (有重婚之意)。

09、祭祖完畢之後，女方需燃放一串鞭炮，
　　表示圓圓滿滿，雙方正式結為親家。

10、新娘由好命婆婆或媒人牽出，端甜茶請
　　男方長輩喝，之後便要正式改變稱呼。

11、男方長輩喝完甜茶之後，將紅包捲起放
　　入喝完之茶杯中 (不可空杯)，等待新娘
　　出來收茶杯。

12、儀式完成之後，女方設宴招待男方親友。
　　中、北部習俗，男方吃到剩最後兩道菜
　　時，要先行離席 (不可吃完)，也不可與

女方親友道再見（會有再婚之意），其他
視當地習俗而定。

13、女方將訂婚喜餅分贈親朋好友，新娘不
可以吃自己的喜餅。

【第十一節】

迎親古例與現例

一、迎親流程古例

01、男方於結婚佳期當日,將轎斗圓、豬腿、雞魚等應備辦物品,用紅木盒裝盛上車。

02、接嫁人員(連同新郎)取偶數為佳(六、十、十二人)。

03、喜車二、六或十二部(視女方陪嫁人數而定),每部車均坐偶數人。

04、貼喜字在喜車前擋風玻璃右上方,車外門把繫上同色系彩帶,以資識別。

05、新娘禮車外加兩條大紅帶及車彩或將鮮

花置於引擎蓋上。

06、出發前編整車隊，第一部為前導車，坐前座者負責帶路及沿途燃放鞭炮。

07、新娘禮車不可編在第四部（通常在第二部），媒人坐前座，新郎及花童坐後座。

08、出發前應召集各車司機，詳細告知時間、流程、行經路線、集結點、聯絡電話、女方地址、電話，並盡可能不超車、不插隊，以保持車隊完整（可事先繪路線圖分送司機或準備無線電手機聯絡）。

09、新郎於檢視物品、車輛、人員無誤後進房著裝，並將胸花及名條別於左胸前。

10、接嫁人員將喜花（紅色）及名條別於胸前（男左女右）。

11、男方主婚人或長輩陪同新郎點香祭祖，
告知即將出門迎親並保佑平安順利。

12、新郎分發紅包給接嫁人員。

13、新郎應持捧花上車。

14、準備就緒，擇吉時出發，前導車燃排炮，
門前燃鞭炮，車隊依序出發。

15、按依古禮前導車應於路口、橋頭燃炮以
趨凶避邪，今配合環保可簡略。

16、前導車於接近女方家門附近，即應燃炮
告知即將抵達消息，待女方燃炮表示歡
迎後緩駛進入。

17、女方由一位男親友（晚輩）為新郎開車
門，新郎給該人一個紅包後持捧花下車。

18、新郎由媒人陪同一起進門。

19、接嫁人員將車上物品搬下車交給女方親友。

20、女方長輩將接嫁人員引進客廳入座。

21、女方親友將禮服交給新娘著裝打扮，並將胸花及名條別於右胸前或腰間。

22、媒人偕同女方主婚人清點禮品、紅包並討論婚禮進程。

23、女方陪嫁人員應將喜花（粉紅色）及名條別於胸前（男左女右）。

24、女方親友將祭祀物品擺於神案前準備祭祖。

25、女方請男方吃湯圓（不可吃完）及雞蛋茶（只可喝茶）。

26、新娘打扮完畢，先行吃姊妹桌後由媒人

及福婆（好命長輩）扶出廳堂。

27、新郎新娘並立，面向仙佛祖先神案（男右女左），由新娘母舅點燭及點香，向仙佛祖先各行上香禮。

28、新郎新娘左右轉，成面對面，新郎將捧花交給新娘，兩人相互行三鞠躬禮（若未行跪拜禮，則此時新郎應將新娘的頭紗蓋下）。

29、女方主婚人坐於廳前，新郎新娘跪於面前，由女方主婚人面誡兩人要恩愛相處，新郎新娘齊口向女方主婚人祝曰：「身體健康、長命百歲」後行三叩禮，女方主婚人將新娘頭紗蓋下，給新郎新娘各一個紅包並將兩人扶起。

30、吉時到，新娘由新郎、福婆攙扶（男左

女右），一起走出大廳（不可踩到門
檻），媒人在門外，手拿八卦米篩（或
黑色雨傘），遮於新郎新娘頭上。

31、新娘先上車，新郎由另一車門上車。（男
左女右）男方接嫁人員將女方準備之青
竹甘蔗，繫於禮車車頂，並於根部掛豬
肉一片及一個紅包。

32、女方將陪嫁物品及回禮交給男方裝載上
車。

33、男方安排女方陪嫁人員上車（每部車均
需坐人，以偶數為佳）。

34、前導車燃炮出發，女方亦應鳴炮以示吉
避邪。

35、禮車開動之同時，新娘從車窗丟出一把

扇子（扇尾繫一紅包及手帕），給弟妹撿，稱放性地（放下性子），或意味留扇（善）給娘家，及感情不散之意，新娘亦不可回頭看。

36、禮車開動之同時，女方主婚人用嘴含酒，噴向車後，或用臉盆（或碗）裝水（或米），潑向車後，表示覆水難收，叫新娘不要有回頭（或後悔）的念頭，或不會被休妻回家。

37、新郎本應完成婚禮後，於開席前，專車親駕至女方家送十二版帖，邀請女方主婚人赴宴。

二、迎親流程現例

01、男方於出發前先祭祖。

02、迎娶禮車雙數為宜（但是現今社會使用三臺禮車的已經很多）。

03、男方應備六禮至女方家（空手無禮），另外準備好全新米苔或全新黑雨傘及開路炮，第一臺負責放炮，第二臺坐新人及媒人。禮車出發時需先燃放一串長鞭炮。

04、男方迎娶車隊遇到轉彎處、過橋（橋頭與橋尾）、遇上迎親喜車及到達女方家前一百公尺（往返）之處，均需燃放鞭炮。

05、男方迎娶車隊到達女方家門前，女方需燃放一串鞭炮以示歡迎與迎接之意，並由一男童捧橘子（若沒有橘子，蘋果也可以代替），請新郎下車，新郎手摸一下橘子或蘋果，隨即回贈男童開門禮答謝。

06、新郎離開之前，需祭拜女方祖先與神明，

祈求保佑平安幸福。

07、祭拜完之後，新郎與新娘至大廳拜別女
　　方父母親，感謝父母養育之恩，並由父
　　親蓋上頭紗。

08、當日由女方準備竹子一根，綁上豬肉及
　　紅包（避白虎、避邪，此方法可視當地
　　習俗而做改變），隨行人員將新娘之嫁妝
　　（大小臉盆、子孫桶等）先行上車。而
　　新娘由一好命婆婆或媒人牽引，頭上以
　　全新米苔，或全新黑雨傘護新娘上車（當
　　日新娘神是最大，但還是不能與天公爭
　　大）。

09、新娘車開動後，新娘隨即由窗戶丟下一
　　把繫有紅絲巾及紅包之扇子（表示將壞
　　脾氣丟在娘家，不要帶到夫家，主一家

和樂融融）。由新娘兄弟或晚輩拾起扇子，交給新娘母親，手另拿一把絹扇回夫家（表示帶善到夫家）或放在壓箱寶亦可。禮車出發前，女方需先燃放炮城或一串鞭炮。新娘母親則端一小臉盆潑水（亦可由其他長輩代替），希望女兒嫁出不再回頭（主終生幸福美滿）。

10、禮車到達男方家的時候，男方要先燃放炮城及一串鞭炮，並請一男童端橘子（若沒有橘子，蘋果也可以代替），請新娘下車，新娘隨即回贈開門禮。而新娘由好命婆婆或媒人牽引，以全新米苔，或全新黑雨傘遮於頭上，並在大門前先過火爐，再踩瓦片（破煞之意），然後進門，此時媒人撒人緣粉，口唸：「人未到，緣先到」、「新娘行入厝，家財年年富；

新娘行入廳，家裡好名聲。」等之吉祥
話。

11、新娘進門之後，男方父母需先迴避，所
　　以現今社會新人都會先進洞房，再與男
　　方父母親一同祭拜神明與祖先(祈求平
　　安幸福)，當然先祭拜再進洞房亦可。

12、進入洞房之後，全新米苔置於新床上(表
　　示帶胎來，會生子)。

13、進入洞房之後，媒人餵新人吃湯圓(祝
　　福新人圓圓滿滿，終生幸福)。

14、新房內需準備兩把椅子，用一件新郎長
　　褲的兩條褲管各套入或平舖於一支椅腳
　　上(表示夫妻同心)。

15、新娘白紗未脫之前，不能坐在新床(避

免懷孕之時，容易害喜）。

16、新娘手端茶盤，敬奉男方長輩，長輩
一一壓紅包做賀禮，新娘一一回禮（喜
宴結束之後再喝茶也有，端看當地習
俗）。

17、親友合照。

18、設宴款待親友。

19、婚後第一次回娘家，娘家派新人之兄弟
去接新人，也宴請親朋好友。當天女方
家長要準備一對帶路雞、甘蔗一對、甜
米糕一大一小，讓準新人帶回夫家。

【第十二節】

結婚與新房佈置禁忌

一、結婚禁忌

結婚過程中有不少傳統禁忌，雖然時代在改變，年輕的一代已慢慢的感覺不是那麼重要了。你是否在意這些結婚禁忌，其實可說是見仁見智，每一個地區方式又各有不同，可依據主人家的喜好決定，大家不妨參考看看，不用過分迷信。

在這裡強烈建議如果你不是新人或家長，你只是去參加婚禮的朋友或親戚，某些禁忌你覺得無所謂，但親家主人家可不這麼想，還是約束自己點好，這可是禮貌，以免將來大家怪你犯忌而暗暗的罵你。

01、忌於鬼月完婚，即農曆七月。

02、安床時，要把床置放正位，忌與桌子衣櫥或任何物件的尖角相對。

03、床位安好後至新婚夜前夕，準新郎忌一個人獨睡新床，可找一位大生肖及未成年的男童陪睡，如肖龍者（安床一般在婚前一個禮拜前完成）。

04、訂婚當天，不管天氣有多熱，所有參加訂婚的人，都不可以搧扇子，不然會有拆散的意思。

05、訂婚之文定喜宴完畢後，雙方都不可以說再見，不然會有再婚的意思。

06、新娘結婚當天所穿的禮服忌有口袋，以免帶走娘家財運。

07、新娘離開娘家時，哭得越厲害越好（有哭發哭發，不哭不發的意思）。

08、結婚當天，新娘出門時，姑嫂均要迴避，不能相送，因為「姑」跟「孤」同音；而「嫂」跟「掃」同音，都不吉利。

09、在迎娶途中，如遇到另一隊迎娶車隊，叫「喜沖喜」，會抵消彼此的福份，所以必須互放鞭炮，或由雙方媒人交換花朵（簪花），予以化解之。

10、結婚當天，任何人都不可以接觸到新床，直到晚上就寢，新娘當天更不可碰到床邊。

11、結婚當天，新娘未到就寢前不能躺在新床上，不然會有一年到晚都病倒床上的意思。

12、因小孩容易哭，所以小孩應禁入結婚禮堂，因為在禮堂哭會不吉利。

13、禮堂忌用鮮花，因為鮮花容易凋謝。只有蓮招花和石榴花不忌（蓮招花紅色花瓣開自葉心，其狀可喻閨女出嫁，以誠待夫。石榴花：意多子多孫）。

14、新娘進男家門時，忌腳踏門檻，應要跨過去。

15、婚嫁之日，忌肖虎之人觀禮，有說虎會傷人，以免夫婦不睦或不孕。

16、新娘小心不要踏到新郎鞋，會有羞夫之意。

17、歸寧當天，新婚夫婦必須於日落前離開娘家回家，絕對不可留在娘家過夜。萬

一有特殊原因不能回家，夫妻二人要分
開睡，以免沖撞娘家令娘家倒楣。

18、新婚四個月內，忌參加任何的婚喪喜慶。

19、新婚四個月內，忌在外過夜。

二、新房佈置禁忌

關於新人房的佈置，除了根據新人的特
質與品味來裝潢外，房間的家具、寢具及各
種擺飾的安放，通常會根據「風水及風俗」
之說來決定。

其目的在於讓夫妻相處和睦，家庭運勢
順遂，所以在設計及裝潢方面不得不多用心
留意。你是否在意這些新房佈置禁忌，其實
可說是見仁見智，每一個地區方式又各有不
同。可依據主人家的喜好決定，大家不妨參

考看看，不用過份迷信。

01、新房的家具、寢具等，均需全新，結婚前，應擇吉日安床，婚後一個月內新房不可無人。如有遠行，可在床上置兩套夫婦的衣服，避「空房」的壞兆頭。

02、新婚四個月內，新娘房的鏡子忌照人，忌借他人使用，有「分心」或發生「婚外情」之說法。（衣櫃、梳妝臺等有鏡子的地方，均需用紅紙蒙住，滿四個月後才可拆下）新房位置不宜在騎樓之上，因為騎樓多人往來，易生穢氣，可能影響夫婦感情。

03、新床下忌堆放雜物。新房不宜居神位上方或後方，易招壞事。古玩等老舊擺飾，不宜置於新房。新床不宜與牆有隙，應

靠牆或實物。新房房門與新床成斜角位置，勿讓房門正對床頭。床頭「宜靜不宜動」，忌放冷氣機、電風扇等電器用品。

04、避免在陽臺栽種爬藤植物，有感情容易橫生枝節之意。化妝臺、電視、衣櫃，不能直接沖床。（沖床頭、沖床尾，會引起夫妻爭吵，或使一方身體產生不適的情形，而且不易懷孕）

05、新房的床要避開廁所門，床單顏色要喜氣，不要選灰黑色或深藍色（有產生不孕或生病現象之說）。

06、新房門不要面對公婆門，更不能直見床舖，可用珠屏或屏風遮擋（有導致婆媳不睦之說）。

07、新房床頂天花板忌燈直射床,或尖形燈
壓床,易產生流產、眼疾及頭痛。新婚
臥房最好慎防鄰屋尖角直沖,可用窗簾
或綠色盆栽阻擋沖煞。

敬錄眾神佛聖誕千秋日期

神佛	聖誕千秋日期	
元使天尊	正月初一日聖誕	春節
彌勒佛祖	正月初一日佛誕	
清水祖師	正月初六日千秋	
閻羅天子	正月初八日千秋	
玉皇上帝	正月初九日萬壽	拜天公
上元天官	正月十五日聖誕	鬧元宵
福德正神	二月初二日千秋	頭牙
文昌帝君	二月初三日聖誕	
九天玄女	二月十五日聖誕	
太上老君	二月十五日聖誕	
精忠岳王	二月十五日聖誕	
開漳聖王	二月十六日千秋	
觀音佛祖	二月十九日佛誕	
三山國王	二月二十五日聖誕	

玄天上帝	三月初三日聖誕
保生大帝	三月十五日千秋
五路財神	三月十五日聖誕
玄壇元帥	三月十六日千秋
準提菩薩	三月十六日佛誕
太陽星君	三月十九日千秋
註生娘娘	三月二十日千秋
天上聖母	三月二十三日千秋
鬼谷先師	三月二十六日千秋
文殊菩薩	四月初四日佛誕
釋迦尊佛	四月初八日佛誕
靈寶天尊	四月十四日聖誕
純陽祖師	四月十四日聖誕
五穀先帝	四月二十六日千秋
巧聖先師	五月初七日千秋
關聖帝君	五月十三日千秋
張府天師	五月十八日聖誕
韋馱尊佛	六月初三日佛誕
田都元帥	六月十一日千秋
觀音佛祖	六月十九日佛誕
西秦王爺	六月二十四日聖誕
文衡聖帝	六月二十四日聖誕

大成魁星	七月初七日千秋	
七娘夫人	七月初七日聖誕	情人節
中元地官	七月十五日聖誕	中元節
金母娘娘	七月十八日千秋	
普唵菩薩	七月二十一日佛誕	
諸葛武侯	七月二十三日千秋	
地藏菩薩	七月三十日聖誕	關鬼門
司命竈君	八月初三日千秋	
姜相太公	八月初三日千秋	
太陰娘娘	八月十五日千秋	中秋節
月下老人	八月十五日聖誕	
廣澤尊王	八月二十二日千秋	
孔子先師	八月二十七日聖誕	
楊西元帥	九月初七日聖誕	
中壇元帥	九月初九日千秋	重陽節
觀音佛祖	九月十九日佛誕	
荷葉先師	九月二十四日聖誕	
五顯靈官	九月二十八日聖誕	
達摩祖師	十月初五日千秋	
齊天大聖	十月十二日千秋	
下元水官	十月十五日聖誕	下元節
周倉將軍	十月三十日千秋	

阿彌陀佛	十一月十七日佛誕	
張巡元帥	十二月初八日聖誕	

十二生肖本命守護神

開運方法：

可隨身攜帶經過淨化開光，各生肖的守護神與本命財神，護佑平安，開運招財。

生肖	一生守護神	本命財神
鼠	千手觀音	黑財神
牛	虛空藏菩薩	黃財神
虎	虛空藏菩薩	綠財神
兔	文殊菩薩	綠財神
龍	普賢菩薩	黃財神
蛇	普賢菩薩	紅財神
馬	大勢至菩薩	紅財神
羊	大日如來	黃財神
猴	大日如來	白財神
雞	不動明王	白財神
狗	阿彌陀佛	黃財神
豬	阿彌陀佛	黑財神

一、鼠年出生者一生守護神為千手觀音

鼠年生人有喜好居住閒靜處所的個性。

若為君子可達高官顯貴，若為小人可儲財富，唯性格急躁。

其相應守護神千手千眼觀世音菩薩，千手觀音為觀音部果德之尊。「千」為無量及圓滿之意，以「千手」表示大悲利他的無量廣大，以「千眼」代表觀察智慧的圓滿無礙。根據《陀羅尼經》云：千手千眼觀音能利益安樂一切眾生，隨眾生之機，相應五部五種法，而滿足一切願求。

故鼠年生人，若能虔誠供奉持誦配戴「千手觀音」守護神像，必能事事順心，心想事成。

二、牛、虎出生者一生守護神為虛空藏菩薩

牛年生人具財氣，善社交應對，尤具巧手，中年運勢較差，後逐漸發達。

虎年生人聰敏顯貴、受人重視，然早年多災多難，需三十歲之後運途轉佳，可聚財運。

虛空藏菩薩具有賜予利樂的力量，「藏」表示無限福德智慧；「虛空」表示廣大。

《大方等大集經》指出虛空藏如同富翁，相應困苦眾生，只要到祂面前，即會施予救濟。因此，虛空藏菩薩是以濟度眾生的菩薩。

PS：凡牛、虎年生人若能虔誠配戴供奉守護神「虛空藏菩薩」法像，可財源廣進，衣食不虞匱乏。

三、兔年出生者一生守護神為文殊菩薩

兔年出生之人具有智慧才學，博學多藝，但因毅力不夠，多半途而廢。夫妻之緣極佳，天性善良，受人愛戴，晚年安樂，衣食不缺。

相應之守護神「文殊菩薩」又稱法王子，為智慧之象徵，右手持金剛寶劍能斬群魔，斷一切煩惱，左手執青蓮花，金剛般若經卷寶，象徵所具無上智慧。

PS：兔年生人若能虔誠持誦配戴供養與之相應的守護神「文殊菩薩」法像，能獲菩薩護佑，增長智慧，使學業、事業順利，婚姻和諧，破除一切煩惱苦。

四、龍、蛇出生者一生守護神為普賢菩薩

龍年生人具智慧，為人親切，可成大業，但個性急躁。

蛇年生人因前世業，今生煩事不斷，應謹言慎行，白手起家，可獲名聲。相應之守護神「普賢菩薩」，世稱為十大願王。

《法華經》指出：只要能虔誠信奉，普賢菩薩將與諸大菩薩一起出現守護此人，使他身心安穩，不受一切煩惱魔障之侵。《普賢延命經記》指出普賢菩薩具有延命益壽不可思議的力量。

PS：龍、蛇年生人若虔誠持誦配戴與之緣深的「普賢菩薩」法像，獲菩薩護佑災邪遠離，延年益壽並會有意外收穫。

五、馬年出生者一生守護神為大勢至菩薩

　　馬年生人，一生勞碌，衝勁十足卻往往財進財出白忙一場，且易有意外血光之禍。於年老後，子孫圍繞，享受晚福相應之守護神「大勢至菩薩」，根據《觀無量壽經》記載，大勢至菩薩以獨特的智慧之光遍照世間眾生，使眾生能解脫血光刀兵之災，得無上之力。因此，大勢至菩薩被認為光明智慧第一，所到之處天地震動，保護眾生，免受邪魔所害。

　　PS：馬年生人若能虔誠配戴持誦供奉「大勢至菩薩」之守護神像，可消前世業障，使一生聚財守財順利平安。

六、羊、猴年出生者一生守護神為大日如來

羊年生人前世多造殺業，雖聰敏，然今生多災，年輕財祿起伏不定，破財運差，應多行善，以消前業。

猴年生人具才幹，財富聚足，但個性輕率，耐心不足。

相應之守護神「大日如來」為佛教密宗所尊奉最高神明。《大日經疏》記載：「如來日光遍照法界，亦能開發眾生善根，乃至世間出世間事業由之成辦。」

PS：羊、猴年生人若虔誠持誦配戴供奉「大日如來」守護神法像，必獲如來光明開啟智慧，成就一切事業，迎貴人來助鴻圖大展。

七、雞年出生者一生守護神為不動明王

雞年生人孝心深厚，好學明辨是非，正義感強，但與兄弟緣薄，雖有財祿但一生孤立，且體弱多病，應多注意養生與多行佈施累積福田。一生守護神「不動明王」為密宗八大明王首座，具有在遇到任何的困難時，均能掃除障難，並不為動搖之意。不動明王顯現憤怒像，使親擾眾生之邪魔畏懼而遠離，使眾生於修行路上不致動搖善念菩提心。

PS：雞年生人若能虔誠持誦配戴供奉守護神「不動明王」法像，必能受不動明王守護，使罪業遠離，一生順遂，平安如意。

八、狗、豬年出生者一生守護神為阿彌陀佛

狗年生人天性隨和，好交朋友，年輕時運途不順，過中年後揚名顯貴。

豬年生人因前世深具善根，今世衣食不缺，才華洋溢。

守護神「阿彌陀佛」為西方淨土世界的教主，以無量願力誓度一切眾生，不捨悲願，以無量光明照觸行者，業障重罪皆可消滅。

凡持其名號者，生前獲佛護佑，消除一切災禍業苦；死後更可化升其極樂淨土，得享一切安樂。

PS：狗、豬年生人若能虔誠持誦配戴供奉守護神「阿彌陀佛」法像，則一生順利逢凶化吉。

【第十五節】

各行各業守護神職掌

行業別	守護神
農業	神農大帝、伏羲
漁業	天上聖母（媽祖）、 觀世音菩薩、海龍王
屠宰業	玄天上帝、關聖帝君
學生、教育業	文昌帝君、關聖帝君 孔聖先師、魁星
建築業	巧聖先師魯班
命理業	伏羲、鬼谷子、 孔聖先師、姜太公、周公、 關聖帝君、觀世音菩薩
檳榔業	韓愈
醫生、藥商業	保生大帝
保全業	關聖帝君、伏羲
軍警、黑社會	關聖帝君
特種行業	豬八戒（天蓬元帥）
製酒業	杜康、關聖帝君、二郎神

駕駛	三太子（哪吒）
仲介、 保險、直銷	趙公明元帥武財神
汽車製造或銷 售業	九天玄女
消防業	火德星君（火神）
戲曲、戲劇業	西秦王爺、 田都元帥、三太子
糕餅業	諸葛孔明、關聖帝君
道士	張天師、三清道祖
商人	福德正神、 關聖帝君、 五路財神爺、 觀世音菩薩
金融業	趙公明元帥武財神、關聖 帝君、招財童子、太上老 君
服務業	趙公明元帥武財神、福 德正神、關聖帝君、觀世 音菩薩
香燭業	九天玄女
蛋業	太乙真人

各種功能型「香」的介紹

01、想要平息未來一切災難

請點「順遂香」（又稱息香、悲香）

（要防止未來一切的災難不要發生在我們身上）

（要燒什麼香以及如何燒）

　　為什麼燒「順遂香」對於平息未來一切災難有顯著效果？因為這種香的原料取自於出自大藏經佛頂尊勝陀羅尼唸誦儀經典中。

※ 大白傘蓋佛母由來：

　　佛說大白傘蓋陀羅尼經：佛經上說，天神常和阿修羅爭戰，天神有一次戰敗，阿修羅就逼天神到天宮，帝釋（似道教玉皇大帝

位）天神就求救於「釋迦牟尼佛」，佛從頭頂髮髻「現出大白傘蓋尊」，巨大無比，有千隻手千隻眼，拿大傘蓋，威力無比，阿修羅看到害怕，即退兵。

六道裡，阿修羅道最兇猛，天界看到阿修羅都懼怕。但唸大白傘蓋佛母心咒，連最兇猛的阿修羅都會懼怕，所以常唸大白傘蓋佛母心咒就可以阻止魔難、病難及噩夢及別人施放的咒語。當然就可像被冑甲（防護罩）一樣保護自己以及平息任何災難。

※ 尊勝佛母：

出自佛頂尊勝經：有一印度僧人，名叫佛陀波利，他到中國要去朝聖五臺山時，文殊菩薩顯化為一老者，命返天竺，取來此經，流傳漢土。經中說：有一天子（天神之子）用自己的神通，知道自己將死，且會墮入地獄

331

受苦而去問帝釋 (似道教玉皇大帝位)，帝釋
也不知原因，帝釋就去問釋迦牟尼佛。

　　佛說出：佛頂尊勝佛母法，修此尊 (或
唸心咒)，衰損的壽命即會恢復，唸咒後的沙
(或香灰) 撒在墳上，死了即可超渡升天。如
果做了很多的壞事及犯了重罪，本應墮入地
獄道 (比如殺生) 但修這個法後即得解脫罪
業，如果壽命有所衰損，修這個法後則可慢
慢恢復健康。

【順遂香】(息香、悲香)

功能	想要平息未來一切災難
祈禱神	尊勝佛母
源自經典	佛頂尊勝香 (出自大藏經佛頂尊勝陀羅尼唸誦儀軌)
材料	應取諸香所謂安息，沉水、栴檀、安息、蘇合、上妙和香⋯⋯等香

【順遂香】（息香、悲香）之功能香

順遂香煙供粉   順遂香臥香

息香每天必頌之祈禱文

> 1、南無本師釋迦牟尼佛（三稱）請引導
> 我，由虛妄而進入於真實！請引導我，
> 由黑暗而進入於光明！請引導我，由輪
> 迴而進入於涅槃！
> 2、止如大地之不動，觀如天空之清明。
> 念念不住，對境寂然，清淨無染，即是
> 修行。
> 3、點香祈願：願此香天妙，清淨護持，
> 我今奉獻尊勝佛母，大白傘蓋佛母，祈
> 請納受，令願圓滿。

（息香）之咒語障礙消除

尊勝佛母心咒：

嗡（ㄨㄥ）種（ㄓㄨㄥ）梭（ㄙㄨㄛ）
哈（ㄏㄚ）嗡（ㄨㄥ）種（ㄓㄨㄥ）梭（ㄙㄨㄛ）哈（ㄏㄚ）（七遍）

大白傘蓋佛母心咒：（七遍）

嗡（ㄨㄥ）、沙（ㄕㄚ）哇（ㄨㄚ）達（ㄅㄚ）他（ㄊㄚ）、嘎（ㄍㄚ）大（ㄅㄚ）、烏（ㄨ）尼（ㄋㄧ）卡（ㄎㄚ）悉（ㄒㄧ）打（ㄅㄚ）大（ㄅㄚ）巴（ㄅㄚ）傑（ㄐㄧㄝ）、吽（ㄏㄨㄥ）丕（ㄆㄝ）、嗡（ㄨㄥ）、吽（ㄏㄨㄥ）瑪（ㄇㄚ）瑪（ㄇㄚ）吽（ㄏㄨㄥ）呢（ㄋㄜ）、梭（ㄙㄨㄛ）哈（ㄏㄚ）

吉祥頌

隨心觀緣得成就，願證本尊恆吉祥。
身口意會歸法性，願大圓滿大吉祥。

以上祈願迴向（某某某）

無上希有祕密寶，日月經天恆住世。
加被塵剎諸有情，同住本淨光佛位。

02、想增加福德、財富、智慧

請點「財神香」（又稱增香、慈香）

（要增加福德、智慧、財富讓賺錢機會更多）

（要燒什麼香以及如何燒）

　　為什麼燒「財神香」對於想增加福德、財富、智慧有顯著效果？因為這種香的原料取自於金光明最勝王經典中。

※ 金勝陀羅尼咒：

　　出自金光明最勝王經，釋迦牟尼佛說：我有一種陀羅尼咒，如果有人想供養過去佛、現在佛、未來佛，就該唸這個咒，即可得佛加持，讓衣食財寶無缺，人變聰明、長壽、身體無病，且能得到很多福報，每日唸一千遍，可得願望。

※ 黃財神：

黃財神是南方寶生佛所化現（不同於道教的財神，六神自己幫助自己外，還會幫助窮困的眾生，不被生活逼迫，工作事業順心，財源廣進）只要常唸：財神咒：翁臧巴拉乍念乍耶梭哈，就可達成心中所願。

※智慧（文殊菩薩）：

　　文殊菩薩，諸菩薩中智慧第一，專掌智慧門，能斷無明昏暗（癡呆無知）。擁有超強記憶，聰明才識，消除愚昧，在大乘莊嚴法門經中，文殊菩薩化智慧法王，文殊菩薩是一切諸佛之師，代表智慧第一的菩薩，出生在釋迦牟尼佛的時代，凡是釋迦牟尼佛宏揚佛法的時候，文殊菩薩都在旁協助。此外，世尊也極為讚揚文殊菩薩有大悲心，經常幫助修行人與社會大眾。

　　其右手持智慧之劍，代表摧破一切愚痴，

左手持蓮花，有一本金剛般若波羅經在蓮花瓣上，代表「深入經藏、智慧如海」，騎在獅子上，代表威猛無比。

【財神香】（增香、慈香）

功能	增加福德、財富、智慧
祈禱神	文殊菩薩
源自經典	出自金光明最勝王經，四大天王護國品
材料	應取諸香所謂安息、栴檀、龍腦、蘇合、多揭羅薰陸……等香

【財神香】（增香、慈香）之功能香

煙供粉

財神香煙供粉　　　　財神香臥香

增香每天必頌之祈禱文

1、南無本師釋迦牟尼佛（三稱）請引導我，由虛妄而進入於真實！請引導我，由黑暗而進入於光明！請引導我，由輪迴而進入於涅槃！

2、止如大地之不動，觀如天空之清明。念念不住，對境寂然，清淨無染，即是修行。

3、點香祈願：願此香天妙，清淨護持，我今奉獻文殊菩薩，釋迦牟尼佛，黃財神，祈請納受，令願圓滿。

（財神香）之咒語

財富：財神咒：
翁（ㄨㄥ）、臧（ㄗㄤ）巴（ㄅㄚ）拉（ㄌㄚ）、乍（ㄓㄚ）念（ㄋㄧㄢ）乍（ㄓㄚ）耶（一ㄝ）、梭（ㄙㄨㄛ）哈（ㄏㄚ）（七遍）

智慧：文殊菩薩：
嗡（ㄨㄥ）阿（ㄚ）　（ㄖㄚ）巴（ㄅㄚ）札（ㄓㄚ）那（‧ㄋㄚ）諦（‧ㄅㄧ）（七遍）

福得：金勝陀羅尼：（七遍）

南（ㄋㄢ）無（ㄨ）　（ㄇㄚ）那（ㄋㄚ）
乍（ㄓㄚ）牙（一ㄚ）婭（‧一ㄚ）爹
（ㄅㄧㄝ）耶（‧一ㄝ）他（ㄊㄚ）昆（ㄎ
ㄨㄣ）爹（ㄅㄧㄝ）昆（ㄎㄨㄣ）爹（ㄅ
一ㄝ）昆（ㄎㄨㄣ）沙（ㄕㄚ）俐（ㄌ
一）昆（ㄎㄨㄣ）沙（ㄕㄚ）俐（ㄌ一）
依（一）啟（ㄑ一）哩（ㄌ一）密（ㄇ一）
低（‧ㄅ一）哩（‧ㄅ一）梭（ㄙㄨㄛ）
哈（ㄏㄚ）

吉祥頌

隨心觀緣得成就，願證本尊恆吉祥。
身口意會歸法性，願大圓滿大吉祥。
以上祈願迴向（某某某）
無上希有祕密寶，日月經天恆住世。
加被塵剎諸有情，同住本淨光佛位。

03、想要更多貴人、招來愛情、上敬下愛

請點「貴人香」（又稱懷香、惜香）

（要增加貴人緣、受人敬愛、招愛情桃花）

（要燒什麼香以及如何燒）

為什麼燒「貴人香」對於想增加貴人、愛情、家庭有顯著效果？因為這種香的原料取自於光音降真行氣香經典自妙法蓮華經。

※ 咕嚕咕咧佛母

如法修持咕嚕咕咧佛母可以得到殊勝的加持：

於世間法方面：可增長無量福報功德財富，增長人緣、權勢，受部屬、親友愛戴，能圓滿生活各種世間之事業。舉凡諸般世俗男女婚嫁、求有情人成眷屬、人緣佳、聰慧、貌美等，皆能如願。尤其能調和婚姻生活、親子生活，對愛情事業都有很大助益，更對於公司主管及企業主在工作職場上及領導部屬上，有強大助力，故咕嚕咕咧佛母法很適

合居士修持。

全知無垢光尊者開示：「應集中精力修積善法資糧、觀修一些空行法門。因為空行是我們所修三根本之一，也是我們不可缺少的依修法，修行人若能唸修諸如作明佛母的儀軌、心咒，則於遣除違緣與獲得加持、悉地方面都能顯現不可思議的力量。」

※ 觀音菩薩：

觀世音菩薩是中國民間信仰所崇信的「家堂五神」的首尊，佛教的經典上說觀世音菩薩的悲心廣大，世間眾生無論遭遇何種災難，若一心稱唸觀世音菩薩聖號，菩薩即時尋聲赴感，使之離苦得樂，故人稱「大慈大悲觀世音菩薩」，為佛教中知名度最高的大菩薩，有「家家阿彌陀，戶戶觀世音」的讚譽。

妙法蓮華經 · 普門品：聽到觀音的名字或唸六字大明咒，能滅所有苦，受咒詛毒藥加害，還著於害人者，生老病死的苦能慢慢消滅，得到觀音菩薩的加持。六字大明咒為觀音菩薩心咒持之能除掉貪心、生氣、執著、嫉妒、愚癡，且不在六道輪迴。觀音菩薩大慈大悲，觀(看到)音(聽到)，即救眾生苦難。

【貴人香】（又稱懷香、惜香）

功能	想要貴人、愛情、上敬下愛
祈禱神	咕嚕咕列佛母
源自經典	妙法蓮華經
材料	光音降眞行氣香，沉水、安息供佛，諸膠香、和合香（降眞香、龍腦香）

【貴人香】（懷香、惜香）之功能香

貴人香煙供粉　　　　貴人香臥香

懷香每天必頌之祈禱文

1、南無本師釋迦牟尼佛（三稱）請引導
我，由虛妄而進入於真實！請引導我，
由黑暗而進入於光明！請引導我，由輪
迴而進入於涅槃！
2、止如大地之不動，觀如天空之清明。
念念不住，對境寂然，清淨無染，即是
修行。
3、點香祈願：願此香天妙，清淨護持，
我今奉獻咕嚕咕列佛母，觀音菩薩，祈

343

請納受，令願圓滿。

（懷香）之咒語

咕嚕咕列佛母（人緣）：
嗡（ㄨㄥ）、咕（ㄍㄨ）嚕（ㄌㄨ）咕（ㄍㄨ）列（ㄌㄧㄝ）啥（ㄕㄚ）、梭（ㄙㄨㄛ）哈（ㄏㄚ）（七遍）

觀世音菩薩（慈悲）：**六字大明咒**（真言）
嗡（ㄨㄥ）、瑪（ㄇㄚ）尼（ㄋㄧ）、悲（ㄅㄟ）咪（ㄇㄧ）吽（ㄏㄨㄥ）（七遍）

吉祥頌
隨心觀緣得成就，願證本尊恆吉祥。
身口意會歸法性，願大圓滿大吉祥。

以上祈願迴向（某某某）
無上希有祕密寶，日月經天恆住世。
加被塵剎諸有情，同住本淨光佛位。

04、想要超渡祖先、冤親債主或尋求解脫或降服災難

請點「除障香」（又稱誅香、捨香）

（要解脫災厄或降服身上病魔、超渡冤親債主）

（要燒什麼香以及如何燒）

為什麼燒「除障香」對於想超渡或解脫或降伏有顯著效果？因為這種香的原料取自於金剛經等空性經典及各忿怒金剛本尊經典中。

※ 心經：

釋迦牟尼佛初轉法輪，宣說四聖諦，以「苦集滅道」之教義教導眾生，修解脫道。滅諦就是涅槃。解脫道的「涅槃」，指苦的滅盡，包括煩惱的滅盡（有餘涅槃）與五蘊的滅盡（無餘涅槃）。第二轉般若無分別智

法輪，藉由對空性的認知，說明煩惱是可以斷除的，從色法到一切遍智空，一切法皆無自性。第三轉善分別法輪的唯識諸經《解深密經》，詳細說明真心如來藏的體性是常住不滅、離六塵之見聞覺知，唯明唯知，唯證乃知，具有原始本地之風光，謂智慧之德相。唸誦心經咒語：嗡嘎爹嘎爹巴日阿嘎爹巴日阿桑嘎爹梭哈（心想：迅速將障礙化空將冤親債主超渡到淨土，障礙消除），心有所障感生罣礙，意念沒有，不再招惹。密宗心經除障法很有名，很有效。

※ 除晦神香：

此香為特殊加持物，是燃燒供佛，燻除污穢的極好的香品，常燒此香能除空間晦氣，增益福慧，並可避邪除穢，清淨安康。此香為密宗裝臟開光必要之聖物，為佛經上獨一

無二殊勝能量香。燒煨時，能除穢淨化，避凶除邪，功德微妙無窮，廣大信眾視為珍貴妙香，遠播海內外稀世之寶。常煨此香，天魔外道、邪魔鬼魅、凶神惡煞、妖言邪咒、裡煞惡鬼、毒龍精怪不得侵害。橫疾不生、煩惱皆除、身心安樂、福慧雙增、精神道德清淨康健、遠離是非爭訟刀兵劫賊之難、家宅安定吉祥、闔家永保平安。

【除障香】（誅香、捨香）

功能	想要超渡或解脫或降服
祈禱神	般若佛母（心經）
源自經典	心經、金剛經等空性經典及各忿怒金剛本尊
材料	降伏（誅）法用安息香、芥子、沉水、栴檀另加不丹製藥香

【除障香】（懷香、惜香）之功能香

除障香煙供粉　　　　　除障香臥香

誅香每天必頌之祈禱文

> 1、南無本師釋迦牟尼佛（三稱）請引導
> 我，由虛妄而進入於真實！請引導我，
> 由黑暗而進入於光明！請引導我，由輪
> 迴而進入於涅槃！
> 2、止如大地之不動，觀如天空之清明。
> 念念不住，對境寂然，清淨無染，即是
> 修行。
> 3、點香祈願：願此香天妙，清淨護持，
> 我今奉獻般若佛母，普賢王如來，祈請
> 納受，令願圓滿。

（誅香）之咒語

般若佛母：（心經）

嗡（ㄨㄥ）、嘎（ㄍㄚ）爹（ㄅㄧㄝ）、
嘎（ㄍㄚ）爹（ㄅㄧㄝ）、巴（ㄅㄚ）
（ㄖㄚ）嘎（ㄍㄚ）爹（ㄅㄧㄝ）巴（ㄅ
ㄚ）（ㄖㄚ）、桑（ㄙㄤ）嘎（ㄍㄚ）
爹（ㄅㄧㄝ）、梭（ㄙㄨㄛ）哈（ㄏㄚ）
（七遍）

菩賢王如來心咒：

嗡（ㄨㄥ）、阿（ㄚ）達（ㄅㄚ）瑪（ㄇ
ㄚ）、達（ㄅㄚ）都（ㄅㄡ）阿（ㄚ）（七
遍）

吉祥頌

隨心觀緣得成就，願證本尊恆吉祥。
身口意會歸法性，願大圓滿大吉祥
以上祈願迴向（某某某）
無上希有祕密寶，日月經天恆住世。
加被塵剎諸有情，同住本淨光佛位。

05、想要完成心中所有願望

請點「福慧香」（又稱滿願香、福香）

（要求心想事成、一生有福報、工作事業圓滿）

（要燒什麼香以及如何燒）

為什麼燒「福慧香」對於想獲得各種功德及淨除各種障礙有顯著效果？因為這種香的原料取自於蘇悉地經卷上經典中。

※ 祈禱的神尊為：「綠度母」

為什麼說「度母」有這麼重要呢？重要的一個原因是，她能幫助行者消除修行道上的障礙及恐懼。因為修行人在修行中，總會遇到的障礙或有恐懼生起的時候。因此，便需要依止一位能消除障礙及恐懼的本尊。而這本尊即是「綠度母」。因為，沒有誰比綠度母更能夠幫助修誦度母能消除各種毒害和

怨害，但實際的利益因心和動機而有差別。
若對禮讚文具有恭敬心，修誦的利益則很大；
否則就沒有什麼利益。所以，以虔敬心修誦
是很重要的。此外，利益也有時間上的差別。
早晨持誦能使今生不受疾病及各種魔障的危
害，夕時持誦能淨除十二業，消除來世一切
障礙，不墮惡道。總之，修持者能獲得各種
功德及淨除各種障礙，得現世富貴、壽命延
安等利益。

　　早晚各三座，每座持誦禮讚文七遍。若
能以清淨的動機和恭敬心行之，願求都能圓
滿，求男得男，求富貴得富貴，讓工作事業
順利圓滿，享受今生福報，已現逆緣得消除，
未現逆緣則不顯，來世也能獲得殊勝利益。
印度和藏地的大師們都認為，在共同利益方
面，度母禮讚文最為殊勝，因此都早晚持誦。

【福慧香】（滿願香、福香）

功能	想要完成心中所有願望
祈禱神	綠度母
源自經典	蘇悉地經卷上
材料	甘露王七膠香，應和合香、室利吠瑟吒迦樹汁（膠）」安悉香」、娑落翅香、乾陀囉香、另加龍腦

【除障香】（懷香、惜香）之功能香

除障香煙供粉　　　　除障香臥香

每天必頌之祈禱文

1、南無本師釋迦牟尼佛（三稱）請引導
我，由虛妄而進入於真實！請引導我，
由黑暗而進入於光明！請引導我，由輪
迴而進入於涅槃！

2、修行止如大地之不動，觀如天空之清
明。念念不住，對境寂然，清淨無染，
即是修行。

3、點香祈願：願此香天妙，清淨護持，
我今奉獻綠度母，祈請納受，令願圓滿。

（滿願香）之咒語

綠度母心咒
嗡（ㄨㄥ）、達（ㄉㄚ）列（ㄌㄧㄝ）、
都（ㄉㄡ）達（ㄉㄚ）列（ㄌㄧㄝ）、
都（ㄉㄡ）列（ㄌㄧㄝ）、梭（ㄙㄨㄛ）
哈（ㄏㄚ）（七遍）

吉祥頌
隨心觀緣得成就，願證本尊恆吉祥。
身口意會歸法性，願大圓滿大吉祥
以上祈願迴向（某某某）
無上希有祕密寶，日月經天恆住世。
加被塵剎諸有情，同住本淨光佛位。

第九章

開運避煞
佛（密）教掛圖

佛教藏密吉祥
【九宮八卦】咒輪掛圖

　　九宮八卦圖的功德可以迴遮一切不良之風水，此八卦九宮咒輪牌，是由西藏密宗開山祖師-蓮華生大士，聚集梵、藏、漢三地破除各種凶煞之鎮宅安居妙寶而成。上方中央是佛教密乘主掌智慧、慈悲、力量的智仁勇三族姓尊-文殊、觀音、金剛手等三大菩薩。

　　其左方為時輪金剛，令東、南、西、北、東南、西南、西北、東北、上、下等十方與年、月、日、時等時辰所組合的時空宇宙世界一切自在。其右方是「防護一切凶煞、障礙、驅不祥」的迴遮咒輪。

正中分為三圈，外圈是十二生肖，是代表十二地支以紀年的十二種動物，配合天干演化成六十甲子。中圈是八卦為離、坤、兌、乾、坎、艮、震、巽，代表火、地、澤天、水、山、雷、風等八種事物。內圈是按龜背的九格，分為九數。

懸掛藏密法寶「九宮八卦」咒輪殊勝功德利益，將此咒牌懸掛於大門上或屋內，可防範因人、事、物、風水、地理所生的任何凶煞，阻擋一切奇災異禍，趨吉避凶，轉禍為福，百無禁忌。於宅內安居者，不論求財、婚姻、子嗣、名位、權勢、智慧、延壽等皆能增善緣而生生不息，滅惡緣而無災禍，息災病而添壽。迴遮一切太歲、歲破、劫煞、災煞、歲煞、伏兵、大禍等諸年月日時煞星。阻擋路沖、門、床、灶、廁等不吉方位所生

的凶煞。令宅內闔家大小平安體健、家運興旺、加官進爵、招財進寶、福壽綿長、安和樂利、百事皆宜、吉祥如意。

【第九章】開運避煞佛（密）教掛圖

【四親合和圖】福

　　此故事出自《戒律之基》的法典，是佛陀向祂的弟子所做的開示。

　　釋迦牟尼佛的弟子阿難尊者，未成佛之前，是和氣四友中的大象，由下而上排序，其次為猴子，是目犍連的過去生；再來是兔子，為舍利佛的過去生；而最上面也是最年長的鳥（松雞）為是釋迦牟尼佛的過去生。這四個動物在未成佛之前因各種因緣而在一起，又因知長幼有序、和諧相處，而使得牠們所在的國家吉祥平安、佛法興盛。以此因緣，最後牠們也都成為釋迦牟尼佛的弟子，並證得阿羅漢果。

　　※ 所以四親和合圖為極殊勝，懸掛或配

戴此圖家庭和睦、和氣吉祥。

四獸和合圖

【二十一度母圖】祿

　　綠度母為救度眾生，除眾生一切災難，
滿眾生一切所願，故化二十種化身，連同綠
度母，共為二十一尊，而以綠度母總攝其餘
二十尊化身之所有功德。故持此綠度母根本
咒，即俱足一切息增懷誅諸力。《度母本源
記》說：觀音菩薩在無量劫前，已普救無數
的眾生，當今爭端災難多，觀音仍然傳出不
少度母儀軌，能除八難十六災，滿眾生一切
願求及究竟成佛。

【第九章】開運避煞佛（密）教掛圖

【長壽六瑞相圖】壽

六長壽：壽翁、樹、岩石、流水、禽鳥、鹿。壽翁：南船星座中最明亮的老人星，福星、財星隨其左右，慈眉善目的老人代表，深思熟慮的聖賢；梨樹枝纏繞常形成壽字，亙久不變的長壽石，長流吉祥水，孔雀「眼」是光的象徵，代表智慧；鹿是壽翁座騎，代表和平、和諧、團圓的象徵。所以長壽六瑞相圖為極殊勝，懸掛或配戴此圖顯心情愉悅、身體健康、長命百歲。

【運勢唐卡】【運】唐卡

　　此運勢唐卡乃根據文成公主時傳入西藏的陰陽五行演繹：運勢要好，福德資糧要俱足，須先安好身上的戰神護法，所以需安運勢唐卡。

　　此運勢唐卡有幫助運勢的菩薩(蓮師、觀音菩薩、金剛手菩薩)、八吉祥、十二生肖九宮八卦、天龍八部護法、惹拉酒松(十三戰神護法)、五守舍神(四種運勢護法：大鵬金翅鳥、龍、虎、雪獅)，中間有天馬上載滿牟尼寶、七珍八寶供養、尊勝佛母護輪、三吉祥獸(消除違緣)，此旗可改變風水，幫助國運昌隆、家庭和睦、公司興盛、做事成功、運勢好、外出成辦事業、障礙消除。

【財運唐卡】【財】唐卡

　　修持財神之法門，一切傳承及伏藏取出有多種，而其中尤為殊勝者，乃是鄔金蓮花生大士化現為各尊財神親自向大伏藏師明珠多傑所宣說，直接賜予了各自之儀軌，即傳下了加持力極猛利之「天法意伏藏所出，臧巴拉二十一尊」，故傳承近而加持大。修持者當首重發心，圓滿佈施，為一切有情之義利故，當成就圓滿佛果。一般個人若能累積資糧、淨除罪障，而在修習臧巴拉持，供養方面務必廣大，並專一誠信地唸誦祈請，則能令個人的希求與願望獲得成辦。財神乃為自圓滿佈施波羅蜜多起，漸次證得佛果之故而化身。據說白財神為觀音菩薩所化身，黑

財神為不空成就佛所化身。迎請祈請財神眾
大悲賜降財寶雨　堆聚如　彌　匯積如瀚海如
雨澍降福祿諸圓滿　嗡 臧巴拉 雜連 札耶 梭哈

【財庫唐卡】【庫】唐卡

　　八瑞相 (八吉祥) 是佛教符號最著名的一組：(1) 傘蓋 (2) 雙魚 (3) 寶瓶 (4) 妙蓮花 (5) 右旋白螺 (6) 吉祥結 (7) 勝利幢 (8) 金輪。傘蓋圓頂代表智慧，圍幔代表慈悲；雙魚代表陰陽脈道或幸福和自主；寶瓶象徵連續不斷的財富；妙蓮花表示純淨和斷滅；右旋白螺表示施頌佛法；吉祥結代表無限智慧或十二因緣輪轉；勝利幢做為佛陀戰勝四魔象徵；金輪代表法源流輪，像八正道傳播八方。又八吉祥隱意為佛陀的身體：傘蓋為頭，雙魚為雙眼，寶瓶為肚及頸，蓮花為舌，金輪為雙足，勝利幢為身，海螺為語，吉祥結為意，合一為壇城，圓滿佛陀加持。此財庫唐卡以

象徵裝著財寶的寶瓶為中，珠寶內藏滿盈，為宇宙所有珍寶總聚，最特別處是書寫著咒語及經文的壇城，圍以八吉祥、咒輪、咒幡，非常吉祥圓滿。

天馬旗旗幡的應用

(轉逆緣為助緣)(外調風水、沖煞、內增運勢)

釋義：風馬「攏達」權勢之威力

使生命權勢之元素能力強盛、權固各種「外」「內」「密」之因緣

用布印上經文及佛佛像謂之旗幡

息	【預防】－平息災難、平息貪慾、平息苦難、遮止防護 大白傘蓋佛母、佛頂尊勝
增	【加乘】增加福德、增加財富、增加智慧，財神總集
懷	【關愛】受人敬愛、求貴人、求姻緣、有魅力、攝受，大自在祈請文
誅	【化解】除障、除晦、超渡、解脫、降伏不利之現象，(風水)風水旗
滿願	【達成】事業願、福報願、一切平安順利達成，二十一度母祈願文

息【預防】　　息（壽命超渡）　　增【加乘】

懷【關愛】　　誅【化解】　　滿願【達成】

371

A、天馬旗的由來

　　釋迦牟尼佛在世時，印度有一個國王生病很嚴重，他去請問釋尊原由，釋尊開示說：這是眾生對你的障礙 (非累世業障)，只要去高山，誠心放十萬天馬即可，因眾生平時無因緣聽法讀誦經文，經由放天馬、懸掛天馬旗等行為，讓天馬紙、天馬旗上的經文隨風傳頌，可令眾生歡喜，獲得法佈施，因而迴向福報給放天馬的功德主。風吹經幡，吹向十方，觸及一切有形無形眾生，均與三寶結下緣分，成為其脫離惡道輪迴之基礎種子。

B、天馬旗豎立之地

　　高山上、雪山峰、天龍地基主所在聖山、山中經常祭神之地、山頂岩石堆聚高處、碉堡之頂、河邊、魔行道、屍陀林(墳場)、寺廟附近、成就士加持地。

C、放天馬旗功德利益

　　放天馬旨在破除他人施放符咒、避官司諍訟、除噩夢、惡想、惡作，使人衰損之健康、權勢、財運得以恢復，令身心安泰、福壽增長、權勢威顯、事業昌隆。

　　放天馬時應修煙供，召請山神、地神、天龍八部，並以早上為宜，於山上、海邊、高地等清淨地均可。

四解脫壇城

蓮師伏藏文武百尊
四解脫咒壇城
(佩解脫、嚐解脫、見解脫、聞解脫)

　　佩戴時等同念誦一億次百
字明功德，往生五方佛淨土；
見到者，不用打坐，即可成就
，七世解脫，往生文武百尊淨
土；下施煙供時，放在煙供粉
上燒，魔障消除，聞者解脫六
道痛苦；屍體上放(觸)，往生
金剛薩埵淨土；出家人破戒，
破戒消除。

吉祥如意風水寶瓶

功德：

　　安此大寶瓶功德不可思議；此大寶瓶不同其他，可興風水、助運勢、身強健、辦事成；「藏地」成風水寶地（埋於地面）人聰麗、家庭和睦、生意興旺、風調雨順、國運昌隆。

作用：

可淨化：若地方因戰爭、殺戮、自殺、瘟疫、
魔難等所生不祥之地。

可避禍：地震、水災、風災、火災等大自然
災害。

可解除：屋內風水不好，產生沖煞、疾病、
各種魔障。

可旺地：動土、蓋屋、建寺，埋此地旺。

改風水：墳墓、塔位安此好風水。

可光明：佛堂安住生光明。

可改變：「陰宅風水地理不佳」之狀況。

化形煞：「陽宅地理不佳」、外陽宅任何形煞。

變磁場：內陽宅磁場不好都可藉由風水寶瓶

來開運制煞，風水陽宅好全家平安、運勢佳、身體安康、工作事業順利、財源廣進。

內容：

此大寶瓶蓮花為座，八吉祥緣起咒繞，上供摩尼寶，內依地水火風壇城、文武百尊壇城為輪，擦擦佛塔為脈

裝臟內容物：

泥塑佛塔、七寶石、珍寶、時輪金剛、佛卡經文、舍利子、經軸、珍貴藏藥、米、地水風火壇城、佛陀出生地、成佛地、桑耶寺、雍措湖、雪域等加持物。印度八大聖地、不丹、臺灣、大陸聖地之土，時輪金剛本尊，一字續觸解脫為經文，另各類經咒緣起咒加

持，西藏各大寺甘露丸及七寶石做供養，升
起金剛大寶帳。

加持：

依伏藏經文如法製作，灑淨、加持，裝
臟後由金剛上師七天閉關修法加持、開光。
吉祥圓滿。

【貔貅神獸】

　　「貔貅神獸」在風水上用來驅邪、擋煞、鎮宅，其威力是毋庸置疑的。又相傳「貔貅」喜愛金銀財寶的味道，常咬回金銀財寶來討主人的歡心，因而「貔貅神獸」另有旺財的功用。

貔貅功用：

貔貅乃是風水鎮宅、化煞轉禍為祥之神獸。最善化解五黃煞、天斬煞、穿心煞、鐮刀煞、屋角煞、刀煞、白虎煞、陰氣煞（如墳場、廟宇、鬧鬼地方）、二黑病符星。貔貅具避邪、擋煞兼旺財三大功用。

一、當我們在外若沖煞到或卡到陰，回到家入門，附身陰煞見到貔貅神獸，立即逃之夭夭。

二、當陽宅遇到上列煞氣，致家人居住不安、損人破財、家庭不和、車禍、血光、開刀、離婚等……貔貅鎮之保平安。

三、當我們做生意或從事業務推銷工作，若有生意機會，可請求貔貅神獸幫忙，咬住任何的生意機會，並促成買賣交易順

利，生產平安，收款順利。(※ 要叮嚀好
生意來，壞生意不要成)

※ 門前犯煞安門口，窗外對到安窗口，
流年煞方，安犯到地方。

貔貅供養：

※ 貔貅鎮宅化煞力量最強，安奉之人要
常感念鎮護之情。偶爾請以好香燻之及壽金
清淨佈光，威力才能持久有效。每天至少供
養一杯水，若不方便點小盤香的話，可買一
小瓶的高級檀香油放在杯子旁邊，要打開瓶
蓋讓檀香的香氣散發出來。

【麒麟】中國傳統祥獸

　　麒麟，中國傳統祥獸，是中國古籍中記載的一種神物，與鳳、龜、龍共稱為「四靈」，是神的坐騎，古人把麒麟當作仁寵，「雄性稱麒」，「雌性稱麟」。麒麟與貔貅的區別：麒麟是吉祥神寵，主太平、長壽、吉祥。貔貅是凶猛的瑞寵。民間一般用麒麟主太平長壽，被製成各種飾物和擺件用於配戴和安置家中，有祈福和安佑的用意。

但最普遍的是所謂「麒麟送子」的習俗。民間有這樣一個傳說：古代有位畫師，老而無子，畫師偏愛畫麒麟，屋裡掛滿他所畫的各種稀奇古怪的麒麟。有一天晚上，他突然看到一匹金光閃閃的麒麟，身上騎著一個小孩子，朝著他走來。畫師一高興，笑醒了，原來是場夢。第二年，他的夫人便得一「老來子」，小孩子絕頂聰明，六歲就能賦詩作畫，人們稱這孩子為「麒麟童」。於是，「麒麟送子」這一習俗，就在民間廣泛傳開了。

※麒麟可用來添丁發財、化煞之用，用來添丁、招財進寶之用，亦用來鎮宅、驅魔、避邪、化煞之用，財運不佳、精神較差者，都可善加使用。擺放麒麟靈獸，宜頭向外即可，財運必佳，其勢甚勁，宜善加利用，如能配合方位更吉。選用時不需用太大的，以

細巧為宜。

　　※ 麒麟擺放時頭宜向門窗之外或煞方，使有治化效果。(此制煞麒麟如經開光、加持更具有效率)※ 註；不管何種神獸、藝品、文物、佛物，或圖形等，不宜擺放房間內。固定位置後，並置香爐或香盤於麒麟前方，每日以檀香供養。

五「葫」臨門，花開富貴

化解樑煞、化解穢氣、化解流年煞氣、化解宅內邪氣、化解陽宅洩氣、化解身體疾病、化解煞氣、化解孤峰煞、化解廉貞煞

長壽：福壽綿長。富貴：錢財富足。

康寧：身體健康。好德：生性仁善。

善終：沒有橫禍。

「葫蘆」自古以來常與「神仙」為伴，如壽星南極仙翁、濟公禪師、鐵拐李等，是「福祿吉祥」、「健康長壽」、「驅魔避邪」、「護身衛宅」的象徵。

吉謙坊命理開運中心服務項目

一、綜合姓名、面相、陰陽宅、八字命理諮詢	2000 元
二、綜合姓名學命書一本	1200 元
三、八字流年命書一本	1800 元
四、奇門遁甲求財、考試、旅遊、合夥、婚姻、購屋、訴訟、盜賊、疾病等等吉凶用事方位	1200 元
五、逢凶化吉，趨吉避凶轉運金牌（附八字流年命書）	5000 元
六、命名、改名（附八字流年命書，改名上表疏文）	3600 元
七、公司命名（附八字流年命書）	5000 元
八、擇日、起攢（撿骨）、火化、進塔	10000 元起
九、一般開市、搬家、動土擇日（附八字流年命書）	2000 元
十、嫁娶合婚擇日（附新郎、新娘八字流年命書）	3600 元
十一、剖腹生產擇日（※須醫生證明需要剖腹生產）	3600 元
十二、陽宅鑑定	6000 元
十三、陽宅規劃佈局（附男、女八字流年命書）	16000 元起

十四、入宅安香、安神、安公媽	10000 元起
十五、開運印鑑（附八字流年命書）（紅檀木、琥珀、赤牛角等，印鑑擇日開光）	9000 元起
十六、開運名片（附八字流年命書，名片擇日開光）	5000 元
十七、數字論吉凶（找尋最適合自己的幸運數字，包括先天與後天數字）	1000 元
十八、專題講座、喪禮服務、前世今生	電洽或面洽
十九、生基造福（此地產權與使用權清楚，達到催官、增壽、進祿、招財、保命、啟智之效，請參考 www.3478.com.tw）	電洽或面洽
二十、各類開運化煞物品（請參考 www.3478.com.tw）	電洽或面洽
二十一、賣屋動竅妙、訴訟必勝法、無法入睡、收驚尋人、考試投標助運等	電洽或面洽
二十二、命理五術教學	電洽或面洽

服務處：高雄市茄萣區茄萣路二段 187 號
電話：07-6922600 0930-867707 李羽宸老師
網址：www.3478.com.tw
E-mail：chominli@yahoo.com.tw

吉祥坊易經開運中心服務項目

1、命名、改名（用多種學派）、附八字命書一本	3600 元
2、嫁娶合婚擇日 附新郎、新娘八字命書一本	3600 元
3、剖腹生產擇日 附 36 張時辰命盤優先順序	3600 元
4、陽宅鑑定及規劃佈局 附男、女主人八字命書一本	12000 元
5、吉祥羅盤 8、6吋、7、2吋、2吋讀者優惠價	電洽
6、姓名學、八字論命、奇門遁甲、紫微斗數、擇日軟體、三世因果八宅明鏡、紫白飛星、三元玄空、乾坤國寶、數字論吉凶、開運養生等軟體 共 18 種 請上網瀏覽	命理軟體特價
7、本書刊登各類開運物品或制煞物品，請上網查閱，歡迎選購。	
8、歡迎加盟命理網站，不用技術，花最少費用就可經營龐大的命理網站	電洽

電話：04-24521393　黃恆堉老師
www.abab.com.tw　　www.131.com.tw
w257@yahoo.com.tw　abab257@yahoo.com.tw
臺中市西屯區西屯路二段 297 之 8 巷 78 號

國家圖書館出版品預行編目資料

拜拜一本通／黃恆堉，李羽宸著.
－－第一版－－臺北市：知青頻道出版；
紅螞蟻圖書發行，2018.02
面　　公分－－(開運隨身寶；16)
ISBN 978-986-488-194-9（平裝）

1.祠祀 2.祭禮 3.民間信仰

272.92　　　　　　　　　　　　107000548

開運隨身寶 16
拜拜一本通

作　　者／黃恆堉，李羽宸
發 行 人／賴秀珍
總 編 輯／何南輝
美術構成／沙海潛行
校　　對／周英嬌、李羽宸
出　　版／知青頻道出版有限公司
發　　行／紅螞蟻圖書有限公司
地　　址／台北市內湖區舊宗路二段121巷19號(紅螞蟻資訊大樓)
網　　站／www.e-redant.com
郵撥帳號／1604621-1　紅螞蟻圖書有限公司
電　　話／(02)2795-3656（代表號）
傳　　真／(02)2795-4100
登 記 證／局版北市業字第796號
法律顧問／許晏賓律師
印 刷 廠／卡樂彩色製版印刷有限公司
出版日期／2018 年 2 月　第一版第一刷

定價 320 元　港幣 107 元

ISBN 978-986-488-194-9　　　　Printed in Taiwan